子どもを伸ばす お手伝い

まえがき

　私は、子どもを持つ親として、子どもたちが幸せに生きてくれることを願わずにはおれません。そして、子どもたちが生きる世の中が、「人生は生きるに値する」と素直に思えるような豊かな世の中であってくれることを願ってやみません。わが子だけではなく、すべての子どもが明るい顔をしている国であってほしいと心から思います。

　しかしながら、このところこの国は、いろいろな意味で安心して子どもを育てられないようになっています。親は、せめて子どものために何をしてやればいいのかと悩みます。私なども、ときどき「けっきょく、親なんて子どもに何もしてやれないのかもしれない」と無力感を味わうこともあります。

　でも、そんな弱気になることはたまのこと。私は信念を持っています。人は日々の暮らしをきちんと生きてこそ、幸せなのだ。日々の暮らしが楽しい、と思えることが豊かさなのだ。親は、子どもとともに日々の暮らしをきちんと営むだけで、じゅうぶん親としての務めを果たしているのだ、という信念です。

　この本は、家事のお手伝いを子どもに教えるための本です。お手伝いを通して、暮らしを子どもの身につけさせることが、願いです。どうぞ、みなさんも信念をもってお子さんに家のことをする喜びを伝えてください。

子どもを伸すお手伝い ● 目次

序章

家のことをする、身を養う

身のまわりのことができてはじめて一人前

いまは早期教育がはやりだったり、「考える力」「生きる力」にはじまって「コミュニケーション力」「語彙力」「統合力」など、さまざまな「力」が身につくように子どもを育てるように言われたり、いろいろです。いろいろありすぎて、子どもになにを教えればいいかわかりにくい時代だとも言えそうです。

そんな世の中ですが、私は、はっきりと確信しています。親が子どもに対してやらなければならないことは、「一人前」にすること。これに尽きるのだ、と。

一人前にするとは、つまり、一人で生活できるようにすることと、まわりの人とよい関係を築けるようにすることです。そして、これらは、子どもを育てる親にしか教えられないことなのです。

「身のまわりのことをできるようにする」とは、どういうことでしょうか。なによりも、まず一人で生活できるようにすることです。

あかちゃんは、一人で歩けるようになり、ごはんを一人で食べられるようになり、着替えを一人でできるようになり、ウンチを一人でできるようになって、あかちゃんを卒業します。親が世話をしなければ死んでしまう、ほんとうに守られるべき時期を、一人で自分のことができるようになって卒業するのです。

でも、それだけではまだ半人前。自分の食べるごはんを作り、あと片づけをする。よごれた衣類を洗って、出しやすいようにしまっておく。古びた衣類があったら、新しいものと交換しておく。ウンチをしたあとにトイレがよごれたら、きれいにしておく。トイレットペーパーが切れたら、補充しておく。部屋がよごれたらそうじをして、いごこちよくしておく。

そんな身のまわりのことをちゃんと管理できるようになって、ようやく一人前にあと一歩です。身のまわりのことを管理する——これは、生活する、暮らしを営む、家事をするということと同じです。

これに、さらに「自分の糧をかせぐ」が加われば、立派な一人前です。どんな仕事であれ働いて、最低限、自分の口を糊することはとても大切なことだと思います（もちろん、夫婦などでおたがいに了解しあって分業するのも、おおいにありです）。

そして、その過程で「まわりの人とよい関係を築く」ことができるようになっていて、守るべき家族をもつようになり、ある土地に根ざした暮らしを営むようになると——つまり、自分ひとりで生きればよしではなく、だれかとともに生きる責任と幸福とを知ると、「大人になった」と言えるのかもしれません。

私は拙著『子どもを伸ばす　毎日のルール』で、「子どもをいつか家から追い出すために育てている」と書きました。それは、いつか親の庇護をはなれてもちゃんと生きていけるように育てておきたい、という気持ちからなのです。

家事ができないのは恥ずかしいこと

かつて、道行くOLに「ごはんを炊いてください」と問題を出すテレビ番組がありました。米を洗剤で洗う人、水加減がわからなくてべちゃべちゃのごはんができてしまう人。そんな女性をわらう、ちょっといじわるな番組でしたが、要は「いくら大学を出ていても、一流企業に勤めていても、ごはんを炊けないなんて半人前以下」ということなのでしょう。やや男女差別的な要素があったのが気になりましたが、私は男女問わず、ごはんくらい炊けなければ、と思います。

かつてのモーレツサラリーマンの時代であれば、朝、妻が洋服一式をそろえて用意しておいて、帰ってきたらお風呂はわいている、ごはんの用意はできている、ふとんはお日様に干してふかふかに用意されている、お風呂に入って晩酌して、そのまま寝れば、あと始末はぜんぶ妻がやっておく、といった男性でもよかったかもしれません。けれども、それではまるで子どもです。

どんなにお金をかせいでいても、自分の身のまわりのことをしない人は、半人前。自分の服を自分で選ぶことと、ビジネスにおいて自分の企画をとおすことの根っこは同じです。自分のイメージどおりの料理をじっさいに作れることと、企画を実現できることの根っこも、同じです。

身のまわりのいろいろなことを忙しくて人に頼むことはあっても、いざとなれば自分でできる人でなければ、私は仕事のうえでも信頼できません。

なによりも、ビジネスだとか学問だとかかっこいいことを言っても、人間としての基本は日々を生きること。自分の暮らしをきちんと生きていない人が、ビジネスや学問でどんなに立派なことを言っても、私には絵空事に聞こえてしまうのです。

もちろん、子どもだって同じです。いくら中学校の成績が学年1番でも、家でごはんを食べたら食べっぱなし、服を脱いだら脱ぎっぱなし、おかあさんに身のまわりのことを全部させて勉強だけしている子どもでは、将来が心配です。

試験勉強中に夜食を作ってくれたおかあさんに「ありがとう」もなく、食べた食器はおかあさんが下げにきてくれるまでおきっぱなしでは、大人になったときに職場や家庭でどんなふるまいをしでかすか、想像がつきます。

だれもそんなことを言わないかもしれませんが、家事ができないのは恥ずかしいことなのです。できないのではなく、しないのだとしても、まったくしないのはできないのと同じことです。

家事とは身を養うこと

なぜ私は、「家事ができないのは、恥ずかしい」と言いきれるのでしょうか。「身のまわりのことをする」と前述しましたが、家事とは要するに自分の身を養うこと。生き物としてのこの身体を、自分の手で養うことです。

私たちは、生きていくために、食べ、風呂に入り、着て、眠り……ほかにもさまざまなことをします。その、さまざまな生きる営みのための作業をまとめて「家事」と呼んでいるわけです。

ほかならぬ自分自身の身体を生かす営みを、自分でできないなんて、恥ずかしいことではありませんか。

もしかしたら、「家事」というよびかたがよくないのかもしれません。「家事」とよんだだけで、「主婦がやること」「お金をもらえない無償の労働」といったニュアンスがこもってしまうのですから。

戦後、「男女平等」と言われて育った団塊世代が結婚したときに、旧来の「働く夫はえらく、家事しかしていない妻は夫に尽くすべき」といった価値感の壁にぶつかって「主婦論争」が起きました。そのときに、「いや、会社勤めはお金がもらえる労働だが、家事はお金をもらえないだけで同じ労働なのだ。夫も妻も、同じ働く人間なのだ」という発見がなされました。

この発見じたいは必要なことだったのでしょうが、そのために、「家事は労働」という感覚が根づいてしまったのは、とても残念なことだと思います。

家事が「労働」だなんて。「労働」というと、いやいややることというイメージがつきまといます。そして、「早く終らせて、解放されたいこと」というイメージも。

でも、家事——料理やそうじ、洗濯、買い物は、生きる実感につながる楽しい作業です。もちろん、楽しいばかりではなくて、めんどうだったり、力が必要だったり、時間がかかったりしますが、手間ひまがかかることと楽しいことは表裏一体。手間ひまの量だけ楽しさも深くなるのだと思います。そういう点でも、人生そのものと同じです。

自分の暮らしを自分で営む喜び

私は、26歳のときに念願の一人暮らしを始めました。

そのときに感じたのは、解放感や自由だという喜びだけではありませんでした。私は、そのとき、生まれてはじめて自分の生を自分のものにしたように思います。

その日のメニューを考え、材料を買い、料理を整えて食べる。そして食器を洗ってしまう。「日曜日は洗濯の日」と決めて、シーツやバスタオルなどの大物を洗い、朝のうちに干す。午後には取りこんで、いいにおいを吸いこみながらたたむ。親元にいるときにはあれほどきらいだったそうじも、「好きではないけど」くらいに格上げされました。

とくに床のふきそうじをしてすっきりきれいになるのがうれしくて、思いたったときにせっせとぞうきんをかけていました。

言葉にすると、身体の奥からじんわりくる喜びをうまく表現できませんが、「私、ちゃんとこの身体を使って私として生きている」という、生まれてはじめて得た感覚があったのです。喜びというよりも、充実感と呼ぶべきでしょうか。おそらく、その感覚は自分の力で、自分のまわりのものをまわして維持していることと深く関わっているのだと思います。

その感覚はいまでも私の基礎になっています。その感覚があることが、「私は私なのだ」とか「私は大人なのだ」という自信にもつながっているのです。

私が、家事――「家の作業」とよびましょうか――を大切だと思うのは、「一人前」の条件であるという認識と同時に、その喜びを知ったからなのだと思います。

親が教えなければ、その深い喜びも知らないで終わってしまうのだとしたら、さびしいことです。

このなんでもない、ささやかだけれども尽きせぬ喜びがあるからこそ、長い人生の毎日毎日をしっかりと生きていけるのに。

どうぞ、「家の作業は身につけなければならないこと」というきびしさと同時に、「家の作業は楽しいこと」というほがらさかをもって、子どもに家事を教えてあげてください。

おかあさん、おとうさんが家事をいやいややっているようでは、子どもが好きになるわけがありません。

そういえば、こんな調査がありました。自分が子どものころ、父親が育児に参加したり家事をやったりしているのを見て育った男性は、自分も育児や家事を自然にやるようになる、という調査です。

子どもは、親が意図的に教えたいことだけを学ぶのではなく、親がほんとうに思っていることを見抜き、じっさいにやっていることから見て学ぶもののようです。

家事を教えるためのステップ

私は、このシリーズの最初の本『子どもを伸ばす　お片づけ』でお片づけを身につけさせるためには年齢でステップを踏むとよいのでは、と提案しました。

そのときには3歳まで、6歳まで、10歳まで、と区切り、10歳には自立させようと書きました。お手伝いも基本的には同じ区切りでよいと思います。

3歳までは、いわばまだあかちゃんの延長。親が身のまわりの世話をするのが当然の時期です。でも、少しずつできることが増えてきて、なにかができるとうれしい時期でもあります。ごみをごみ箱にポイする、新聞を取ってくる、おかあさんがあけようとしているドアをあけてあげる。ささやかなことを遊びの一環でやってもらったり、やりたがるのを見守ってあげれば充分でしょう。

そのうちに、子育てしたことがある人ならだれでも経験のある、「お手伝い、させて」の時期になります。3歳ごろから6歳ごろがピークでしょうか。子どもの自我がでてきて、自分でやる達成感をもつようになる。自他の区別がついてきて、家族のなかでの自分の位置というものを感じるようになる。好奇心もますます旺盛になります。

台所で包丁を使っていると、足元にまつわりついてきて「なにか切らせて」と言ってくる。そうじ機をかけていると「ぼく、やりたい」と奪いとろうとする。洗濯物を干していると、いつのまにか下にいて、自分もハンガーにシャツをかけようとして、えりが伸びるくらいの力でぐいぐいひっぱっている。びんのふたをあけようとしていると、「私、できる」とやろうとして、中身をこぼしてしまうこともあります。

保育園でもそうです。ロッカーに子どもの荷物を入れようと思っていると、私のことを見つけた子どものお友だちが、ぱっとロッカーにかけよってきて「はい」などと言ってあけてくれる。先生がたくさんノートやタオルなどをもっていると、「私、もつ」などと言って先生が困ったようにわらっている様子も見かけます。

ありがたいし、一所懸命でほほえましいのだけど、時間に追われている身には相手をするのがめんどうくさくもあります。

私は一時、息子が「お手伝い、ない?」ときいてくると「きたか」とちょっとうんざりした時期もあります。

でも、私は、この時期がお手伝いのはじめの時期だととらえています。相手をするのはめんどうだけれども、この時期に家の作業への扉をあけておいてあげると、そのあとも自然に進むのではないでしょうか。

「火は/包丁は/鍋はあぶないからさわっちゃだめ」「卵は/ガラスは/びんはこわれ

るから、おかあさんがやるからあっちに行っていなさい」「トイレは／ゴミはきたないからやらなくてもいいから」と子どもを遠ざけるのではなく、親が手を貸しつつあぶなくないようにやらせてやるのも大事でしょう。

もちろん、毎回でなくてもいいのです。親の気持ちと時間に多少の余裕があるときに、「じゃあ、きょうはやってね」とやらせてあげれば充分です。

そして、この時期に簡単なお手伝いから、その子の「役目」を作っていくとよいでしょう。「食事のときに、おはしを並べておく」「庭の花に水をやる」「新聞をとってくる」など、あぶなくなくて一人でもできることを、「○○子ちゃんの役目よ」と決めてしまう。

この時期は、まだ「なんで」などと憎らしい口をきかない素直な時期です。「役目よ」と言い聞かせればそういうものだと子どもは思います。「ありがとう、助かるわ」とほめると、素直に喜びます。

そう、この時期にお手伝いをはじめることで、「家の作業はするもの」ということが子どもの身体に自然に入っていくのだと思います。

自立へのステップ

6歳をすぎ小学校に入ると、幼児から子どもに変わっていきます。身体がしっかりしてきて、できることが増えます。あぶなっかしいことが少なくなるわけです。また、ルールに従ったり、周囲のことを考えたり、友だちと力をあわせてなにかをしたり、といった社会性もでてきます。

私は、この時期から10歳までに、しっかり身のまわりのことをさせて、かつ、家族のなかでの役目を果たすようにさせることが、とても大切であるととらえています。それなのに、いままで素直だった子どもは、急に言うことをきかなくなる。

自らお手伝いしたがることは激減。ほかにもおもしろいことはいっぱいあるし、おかあさん、おとうさんべったりよりも、お友だちやきょうだいと、あるいは一人で遊ぶほうが楽しくなってくるからでしょう。

それに、親の側も、この時期には「もう幼稚園・保育園に行く子じゃないんだから」としつけにきびしくなってきます。親から言いつけられるお手伝いはますます楽しくない。そんなこんなで、ほうっておくと家のことをしなくなっていくようです。

めんどうくさがる子どもにお手伝いをさせるには、どうしたらいいのか。一にも二にも親のやらせようという態度ではないでしょうか。私はあまい親なのでえらそうには言えませんが、夫と私の言いつけたことに対する子どもの反応の違いを見ていると、つくづくそう反省します。

「やれといったら、やれ」「それはいま、やらなければいけないことなんだから、いまやりなさい」。親がゆるぎない姿勢でいることで、子どもはともかく身体を動かします。親に「いやがるなら、やらせなくてもいいかな」といった気持ちがあると、子どもは敏感に察して動きません。とにかく身体さえ動かせば、それはいずれ身につくのです。

「なんでぼくが」などとぶつぶつ文句を（夫に聞こえないように）言いつつも、言われたらパッと席を立つようになっているので、「要するに、こういうことなのね」と感心してしまいます。

子どもに手伝いをさせるには、ひとつには、「親がやりなさいと言うから」でいいのです。

それから「それはあなたの役目だから」というルールづくりも大切です。必要に応じて、子どもと相談して「約束ごと」にしてしまいます。

「食事のときに、食器を並べるのはあなたの役目にしましょう。できる？」。できないと言うなら、「じゃあ、なんならできる？」と子どもに考えさせればいいでしょう。

「なにもしたくない」というのは、なしです。「おかあさんは料理をするし、おとうさんはおさらを洗うでしょう。あなただけなにもしないのは、へんじゃない」と言えば、子どもは納得するはずです。

そして、小学校高学年になるころには、なんらかの家族のルールができており、とくに言いつけなくても子どもが気がついて手伝いをするようになっていると、理想的です。

ちなみに、この本でとりあげるお手伝いの項目は、だいたい6、7歳ぐらいの子どもに伝えるつもりで書いています。それより下の年齢のお子さんなら、もう少しやさしく、上の年齢のお子さんなら、もう少しまかせて、など加減してみてください。また、男女によって、あるいは性格によって、家のことへの関心は違います。その子の関心の高さに合わせていただくといいでしょう。

合い言葉は「てきぱき!」、そして「ありがとう」

私は、一人暮らしで家事に目覚めてからほぼ15年、いまや4人家族の家事を夫といっしょにこなしながら暮らしています。その過程で悟ったことがあります。

家の作業は、まめにするのがいちばんです。そうじは毎朝したほうが楽。食材も毎日買いに出たほうが楽。靴の手入れも、はくたびにしたほうが、楽。

仕事をもっていたり、幼い子どもがいたりなど、生活環境によってどれだけまめになれるかは違っているでしょう。だから、「自分ができる範囲で、できるだけ頻繁に」と考えればいいと思います。

たとえば、私は、洗濯が大好きなのでほんとうは毎日したいけれども、朝、子どもが保育園に行って仕事ができる時間帯に洗濯をするのがもったいないと感じてしまいます。だから、「洗濯物は、洗濯かごからはみ出さないようにする」を決まりにしています。

靴の手入れは、私の場合、長時間はく機会も少ないので、季節の変わり目にまとめてやります。

人によって苦手なこともあるでしょう。私は片づけは毎日しますが、そうじは毎日なんてどうしてもできません。

そういうことについては、「気づいたら、すぐする」のが、いちばん効率がよくて楽なようです。

気づいても「まだまだ大丈夫」と気づかないふりをするのではなく、「部屋がほこりっぽいな」と気づいたときには、掃除機をかけるようにするだけで、きれいな状態が保てます。窓ガラスも「汚れているな」と気づいたときに、さっとふけば大丈夫です。なかなかそうはうまくできなくても、「できる範囲で、できるだけ頻繁に」「気づいたら、すぐする」と心に言いきかせているだけで、ずいぶん違ってきます。この家事の原則を、子どものうちに身体に覚えさせてしまいましょう。

むかしの映画を見ると、帰宅して脱いだコートにブラシをかけておく、寝る前に部屋を片づけておく、朝起きたらすぐに部屋をそうじする、夕方になったら買い物にでかける、といった風景がなにげなく映っています。私たちは戦後の合理化、省力化の思想を受けて育ったために、そういう生活上のまめさを失っているのではないでしょうか。

だから、合い言葉は「てきぱき」でいきましょう。てきぱきとよく動く身体をもてるように、てきぱきとよく働く心をもてるように。子どもがぐずぐずとお手伝いをしぶっていたら、「早くしなさい！」もいいけれど、「てきぱき！」と声をかけてみませんか。

そして、子どもがてきぱき手伝ってくれたら、「ありがとう」と心からほめてあげましょう。

人に配慮できる気くばりは、人の役に立つ喜びから生まれるものですから。

コラム■

子どもの作業に手を出さない

■

子どもがあぶなっかしい手つきで包丁を使ったり、そうじ機のヘッドを家具にぶつけながらそうじしていたりするのを、ただ見守るには忍耐がいります。ほんとうに、ぜったいに、自分がやったほうが楽だし、早いし、きれいにできるのに。ちょっとむずかしいところだけやってあげて、またやらせればいい、とも思ってしまいます。

でも、そこは我慢。手を出したくなっても、子どもがやりとげるまでじっとまってあげませんか。「ネギはこうやって切るのよ」「この1本ぶんを切ってみてね」と伝えたら、あとは子どもにまかせておく。

子どもがあまりにも変なことやあぶないことをしていたら、「そのやりかたは違うのよ。こうやってごらん」と具体的に教えてあげます。「それじゃ、だめだめ」などと否定しては、子どもはむきになるか、やる気をなくすだけ。とはいえ、あくまで親は教えてあげる側なので、へんに下手に出ることはありません。

どうしたらいいかわからなくなっているときも、同じです。「うまくいかないのかな、こうやってごらん」と教えるか、「どこがわからないの」ときいてみましょう。

1章●そうじ

自分のいる場所がきれいだと、心も前向きになる

子どもに伝えたい「そうじ」の本質

そうじとは、ほこりやゴミ、よごれを取り去って、家をきれいにすることです。そうじ機をかけたりフロアモップをかけるのは手段であって、家がきれいにならなければそうじをしたとは言いません。

さらに私の考えでは、重曹を使ったり酢を使ったりするのも、手段であって目的ではありません。

むかしながらの環境にやさしい方法でそうじをするほうが楽しければ、そのやりかたが自分にあっているのでしょう。人によっては、洗剤を使ってそうじをしたほうが気持ちよく楽しくできるなら、それがあっているのです。

いくら重曹を使って環境にやさしくても、よごれが取れていないなら、そうじしたことにはならないし、洗剤をじゃぶじゃぶ使って「自分の家だけきれいになれば川や海がよごれてもかまわない」と言うのも、目先のそうじしかできていないという意味でそうじとは言いがたい。ちょうど、自分の家の前だけはいて、よごれものを隣の家の前に押しやっても、そうじしたとは言わないように。

あるいはまた、いまの世のなかに出まわっている便利グッズを使ったほうが、そうじする意欲がわくなら、それもいいことです。でも、さっとふくだけでかみの毛もホコリも取れるフロアモップでも、人間の皮脂は取れないし、においの粒子も取れないことは、忘れてはいけません。

さらに、もう少し考えてみましょう。なぜ家をきれいにしなければならないのか。

家をきれいにするのは、そのほうが気持ちがいいからです。ほこりだらけだったり歩くと足の裏がざらざらするような家は、だれにとっても居心地の悪いものではないでしょうか。居心地が悪く、心がおちつかない。

アレルギーや病気の原因になるほどのきたなさでなければいい、という考えかたもできますが、やはり家は清潔なのがいい。子どもが「なんで、そうじしなきゃいけないの」ときいてきたら、「きたないと気持ちが悪いでしょう」と答えればいいのではないでしょうか。

家をきれいにするにはそうじをするしか方法がないから、私たちはそうじをするのです。いくらかっこいいインテリアを整えようと、除菌クリーナーを吹きかけようと、メンテナンスフリーの浴槽や便器を使っていようと、そうじをしないときたないのです。

きたない家に暮らしていると、精神までよごれてくるように思います。だらしなく、いいかげんになってしまう。

生徒が荒れているクラスは教室がきたなく、おちついているクラスは教室が清潔なのは、鶏と卵のようにどっちが先かわからないくらいに深く関わっていることなのでしょう。言いかえれば、自分のいる場所をきれいにすることで、心まできれいになり、前向きになれる効果があるのです。

そうじが苦手な私が言うのですから、まちがいありません。

私は、子どもがまず身につけなければならない家事は、そうじ(および片づけ)だとさえ思います。

そうじがじょうずになる3つのポイント

そうじは、作業としてむずかしいことはほとんどなく、だれでもひととおりはできることです。でも、ちょっとしたポイントに気をくばるととてもじょうずになることでもあります。「おかあさんの知恵」として教えてあげましょう。

そのポイントは、やはり作業としては簡単なことばかり。

1 上から下へ

むかしから言われていることです。ほこりは下に落ちていくので、ピアノの上、テレビの上などをはいたりはたいてから、床をそうじします。

2 すみ・かどをきっちりきれいに

「四角い部屋をまるくはく」のが人間の本性ですが、そこを曲げて、四角い部屋のすみとかどとをきっちりしあげると、驚くほどきれいに見えます。

3 つるつるなところは光らせる

ドアノブ、蛇口、ガラス面、漆塗りの枠など、つるつるしていて光を反射するところがぴかぴかだと、それだけで部屋がきれいに見えます。

お手伝いのステップ

子どもにそうじを教えるには、2つの入り口があるようです。ひとつは、自分のテリトリーをそうじさせること、もうひとつは親の作業の一部を「役目」としてしまうこと。

自分のテリトリーのそうじは、子ども自らやらねばならないと親も子も納得しやすいことです。小学生になったら、机の上のぞうきんがけをさせることから始めるといいでしょう。くわしくは、「ぞうきんをかける」の項を見てください。

つぎに、床のそうじ。そうじ機を使って部屋をすみずみまできれいにできるようになるのは、小学校中学年かと思います。

親の作業の一部を「役目」にするときは、なんでもいいので決めてしまうことです。「○○くんは、家の前の道路をはく係」などと約束する。あるいは、家族全体のルール、たとえば「最後にお風呂に入った人はお風呂そうじをする」などを子どもにもあてはめるようにする。最初のうちは親が見守っていて、慣れてきたらあとで点検すればいいことです。

ごく簡単な作業なら、4、5歳から始めればいいのではないでしょうか。お風呂そうじあたりは、小学生にならないとむずかしいかと思います。

そうそう、自分のやったことのあと始末――飲んでいる水をこぼしてしまった、おり紙を切っていてゴミが出たなどは、3歳にもなれば自分でできるはずです。水をこぼしたら、ふきんを渡して「自分でふきなさい」とやらせましょう。ゴミが散らばっていたら、「終わったなら、ゴミを捨てておきなさい。ゴミ箱はここよ」と教えましょう。

そのうち、自発的にやれるようになります。

そうじ機をかける

おかぁさんのひと言

そうじ機は片づけを終えてからかけるのよ

どこをするか

そうじ機をかけるお手伝いは、小学生になったころから、休日に自分の部屋をやらせるようにすれば充分です。毎日そうじ機をかけさせたり、リビングやキッチンまで子どもにやらせたりするのは、ちょっと負担が大きい気がします。

思春期以降、中学生になったころには、子ども部屋のそうじは自分の責任にしましょう。

もちろん、親との約束で「平日は親がやる」「子どもが頼んだときは、親がそうじ機をかけてやる」ということにしてもいいのです。

準備

そうじ機をかけるときに、とても大切な準備があります。それは、片づけをすませてしまうこと。

じっさいには、そうじ機をかけながら床のものを机の上などに移動させている人が多いのではないでしょうか。子ども部屋のこまごました文具やおもちゃなら、なおのこと。片づけながらなんて、無理に決まっています。勉強机の上にものを移動させてしまうか、片づけがたいへんすぎてそうじ機をかけるエネルギーをなくしてしまうか、どちらかです。

とんでもなく散らかっていて片づけだけで時間がかかりそうなら、「きょうは、片づけだけにしましょう。そうじ機かけは明日」ということにして。

とにかく、「片づけ」と「そうじ」は、べつべつの作業だと教えましょう。

かけかた

「ポイントは自分の足はそうじをすませた場所を踏む」ことを伝えましょう。要するに、前へ前へと進めばいいだけのことです。あとは、すみやかどはヘッドをきっちりあてて、しっかりゴミを吸い取ること。机の下など見えないところも、ちゃんと奥までそうじすること。

じゅうたんの場合は、毛の流れがあるので一方方向だけでなく、違う方向からもかけること。

そして、子どものうちに家具を大切にあつかうことも教えてください。そうじ機のヘッドをたんすや壁にごつごつあてていたら、「傷がつくから、ぶつけないようにね」と注意して。

そうじ機のあつかい

そうじ機をかけるのが苦手な人のなかには、じつは「そうじ機を出すのがめんどうくさい」という人が少なくありません。ましてや、子どもなら、せまいところに押しこんであるそうじ機を出し入れするのは、とてもたいへんではないでしょうか。

子どもにそうじ機かけを教えるついでに、出しかた・しまいかたも教えましょう。そして、この際、もっとも出し入れしやすい収納場所を考えましょう。

わが家では、廊下のつきあたりにある地袋に、ゆったり平たくおけるようにしてあります。ある冬、その地袋の扉の前に、ハイビスカスの鉢をおいておいたことがあります。たったそれだけのことで、私はそうじ機をかけるのがおっくうになってしまいました。

ぞうきんをかける

おかあさんのひと言

ぞうきんがけはそうじの基本です

どこをするか

フローリングの廊下があるなら、ぜひその廊下を子どもの担当にしましょう。ない場合は、たまにリビングや畳の部屋を「きょうはやってね」とまかせてみてもいいでしょう。

また、親がリビングにそうじ機をかけているときに、「テレビやテーブルの上をふいてね」と頼むのもよいと思います。もちろん、子どもの勉強机や本棚は、小学生になったら子どもにやらせてもいいことです。

準備

そうじ機と同様、ふきそうじをする前には、片づけを終わらせてしまいましょう。

また、1枚のぞうきんですむ場合はいいけれど、何度かぞうきんを洗わなければならない場合は、広さによって必要な枚数のぞうきんを用意しておいて、すべて水でぬらしてしぼっておきます。よごれたら取り替えて、そうじが終わったらまとめて洗濯すればラクチンです。

それから、服装をチェックしてやりましょう。子どもが長そでを着ているときには「腕をまくって」と注意し、シャツのすそが外に出ている服ならいったんウエストでとめてあげます。親が言わないと、子どもはそでやすそをひきずったままぞうきんがけしてしまいます。

かけかた

長い廊下をぞうきんがけするときは、ぞうきんに手をのせて、一気に走りながらふくのが、楽しくててっとりばやいやりかたです。親子で競争みたいにしてやっても、楽しいでしょう。往復でふきあげたら、最後に、すみによごれがかたまっていないか点検して。

テーブルやテレビ台などは、ほこりが取れればいいので、力を入れずさっとふくだけで充分です。

くれぐれも、子どもが、四角い机をまるくふかず、すみやかどをきちんとふくかどうか、チェックしてください。

ぞうきんのあつかい

まずは、かたくしぼる方法を教えてあげましょう（45ページのイラスト参照）。私は、ぞうきんをきちんとかたくしぼれる人はかっこいいな、と思います。ぐじゅぐじゅにしかしぼれないのは、なにやらダサい。

それから、ふくときには、手（片手のときは片手ぶん、両手のときは両手ぶん）をおけるくらいの大きさにたたんで、平たくおきます。子どもはすぐくしゃくしゃっとまるめて持ってしまうので、注意します。

コラム■

日本の住宅ではふきそうじが基本

■

うっすらとにおいのする家、なんとなくきれいではない部屋の原因は、ふいていないからだと思います。湿度が高く、靴を脱いで生活する日本の家では、いまもむかしも、やはり水でしぼったぞうきんでのふきそうじが基本だと、私は確信しています。

水ぶきとは、とても威力のある、でも家具にも身体にもやさしい方法です。半年に1度しかふきそうじしない家庭ならべつですが、気がついたときにふく習慣があれば、たいがいのよごれは水ぶきで取れます。

水でしぼったぞうきんではよごれが取れないと心配だったり、逆に、木製だとワックスなどが取れてしまって床や家具がいたむのではと不安かもしれません。でも、私の経験では、ほぼ毎日のように水ぶきする無垢板張りの床も、週に何回かはふく食器棚も、まったくいたんでいません。逆に、つやが出てきているほどです。コツはかたく絞ることのようです。

板張りの床は、2年に1度ほどワックスがけをしますが、わが家の場合はそれで充分なのです。ただし、プリント合板は水ぶきできないものも多いようです。

窓ガラスを拭く

おかあさんのひと言

ガラスがぴかぴかだと家が明るくなる

どこをするか

最初は、自分がよごしたガラスを自分でふかせることから始めてはいかがでしょうか。お菓子を食べてべたべたになった手で触ったガラスは、自分できれいにさせるわけです。小学生にもなれば、充分、できるはずです。

自分の部屋をもつようになったら、年末の大そうじには、子ども部屋の窓ガラスをふくようにさせましょう。たまには、リビングの大きな窓を担当させて、きれいになった窓を見ながら家族でお茶を飲むのも、子どもにとってうれしいことだと思います。

準備

その場でついたよごれなら、バターやクリームのよごれであっても洗剤は必要ありません。かたくしぼったぞうきんで、よごれは取れます。

大そうじのときは、どうでしょうか。交通量の多い道路沿いの家だったり、ヘビースモーカーがいる家で、なおかつ何か月もガラスをふいていないならば、洗剤を使ったほうが落ちやすいかもしれません。

また、台所のコンロ近くの窓で、長いあいだふいていないなら、やはり洗剤が必要でしょう。それ以外なら、水ぶきで大丈夫。私は、子どものお手伝いなので、洗剤を使わない方法のほうがいいと思います。

　用意するものは、ふきそうじと同じです。

ふきかた

❶家のなかのガラス

　かたくしぼったぞうきんで、指紋がついたりよごれがついたところを先にごしごしとふき、よごれを取ります。目立ったよごれが取れたら、全体をさっとふきあげます。

❷外に面したガラス

　下ぶきと仕上げぶきの2回で仕上げます。「2度もふくのーっ!」と子どもがめんどうくさそうにしたら、「そのほうがけっきょく、楽なのよ」と教えてあげましょう。

　下ぶきのときは、少し水っぽいぞうきんで、ざっとよごれを取るようにします。つぎにかたくしぼったぞうきんでていねいにふきます。

ガラスのあつかい

　いまどきのガラスは丈夫ですが、やはり割れる危険のあるものです。「ガラスに手をつかない」「力いっぱいこすらない」と教えましょう。

トイレそうじをする

おかあさんのひと言

きたない場所ほどきれいにしておくものよ

どこをするか

やはり最初は、自分がつけたよごれの始末をすることからはじめましょう。便器にウンチがついたり、男の子でおしっこが床にこぼれたら、ふいておく。4、5歳になったころ、おかあさんがあとで入って発見したときに、「自分でふきなさい」とさせるようにします。

つぎに、便器や床のそうじをさせましょう。子どものうちは、特別なイベントのときだけでもいいかもしれません。大そうじのとき、お小遣いをほしいとき。とにかく1回でもさせることがだいじです。

準備

わが家では、トイレ用の使い捨て紙ぞうきんとトイレットペーパーを使います。私は素手ですが、子どもがいやがるようなら、ビニール手袋を用意してあげてもいいでしょう。トイレットペーパーの代わりに水ぶき用のぞうきんを使ってもいいけれど、そこは合理的に考えればいいのではないでしょうか。

みがきかた

子どもにやらせるなら、ともかく便座の表と裏、そして便器をぐるっとふくように言いましょう。細かい部分は親の担当でかまいません。紙ぞうきんには洗剤がしみこませてあるので、お尻をのせる便座は、仕上げに水でぬらしたトイレットペーパーでふいておきます。そのまま流せばいいので、ラクチンです。

床は、すみや便座のうしろ側まできちんとふくようにします。

コラム■慣れさせることが大切■

むかしは、「女の子は、便所そうじをすると美人になる」などと言って、そうじさせたと言います。私も小学生のころ、大そうじのときにトイレそうじをさせられました。きたない気がしていやだったけれども、何回かさせられるうちに自分が慣れてきたことに気づきました。1回目よりは2回目、3回目のほうが抵抗感が薄れるのです。

「慣れ」はだいじなことですね。親がさせることで、子どもは慣れてできるようになるのだと思います。

お風呂をそうじする

おかあさんのひと言

最後に入った人がそうじするものよ

どこをするか

お風呂場は、毎日のそうじと大がかりなそうじが必要です。子どもには、毎日のそうじをさせればいいでしょう。たとえば「最後に入った人がそうじする」というルールを作ってしまいます。大がかりなそうじは、親が週1回ぐらいすればいいのではないでしょうか。

毎日のそうじでは、①お湯を抜いたあとバスタブの周囲にぐるっとついた湯あかをとる、②壁やバスタブのふちなどについた水滴をふいておく、③バスタブのふたや洗面器などを所定の位置においておく、この3点をします。

ふきかた

毎日のそうじは、お湯を抜いたあと、お風呂そうじ用のぞうきんにせっけんをつけてバスタブにぐるりとついた湯あかをこすって取ったら、シャワーでざっと流します。1回ゆすいだぞうきんで、こんどは水滴をふき取ります。完璧でなくても、ざっとふけば乾いてしまうので大丈夫。

風呂道具のあつかい

風呂場の道具は、すぐにぬめりがきます。いつも清潔にしておくには、乾きやすい状態にしておいておくこと。だから、おきかたは、「重ねない」「底を上にしておく」のが基本です。フックで壁にかけてしまうのも、いい方法です。

玄関と家の前の道路をはく

おかあさんのひと言
玄関は家の顔だからいつもきれいにね

どこをするか

玄関のたたき（くつを脱ぐ場所）をはきそうじさせます。たたきだけでなく、ドアの外のポーチや道路もいっしょにそうじさせるのを忘れずに。家の前の道路は、隣の家との境界までではなく、隣の家の前も1メートルほどははいておくのが礼儀です。

はきかた

玄関の上がりかまちから、ドアに向かってはいていきます。げた箱の下にすき間があるなら、まずそこにたまったほこりや土をはき出すことから始めて。ドアの外にはき出したら、ポーチや道路のゴミをはきつつ、1か所にゴミを集めるようにします。

ほうきのあつかい

ほうきは無理のない姿勢でもって、ほこりをまい上げないように、最後は抑え気味にはきます。ゴミをはき入れるときには、ちりとりを少しずつうしろにずらしていくときれいに取りきれます。

ぞうきんのしぼりかた

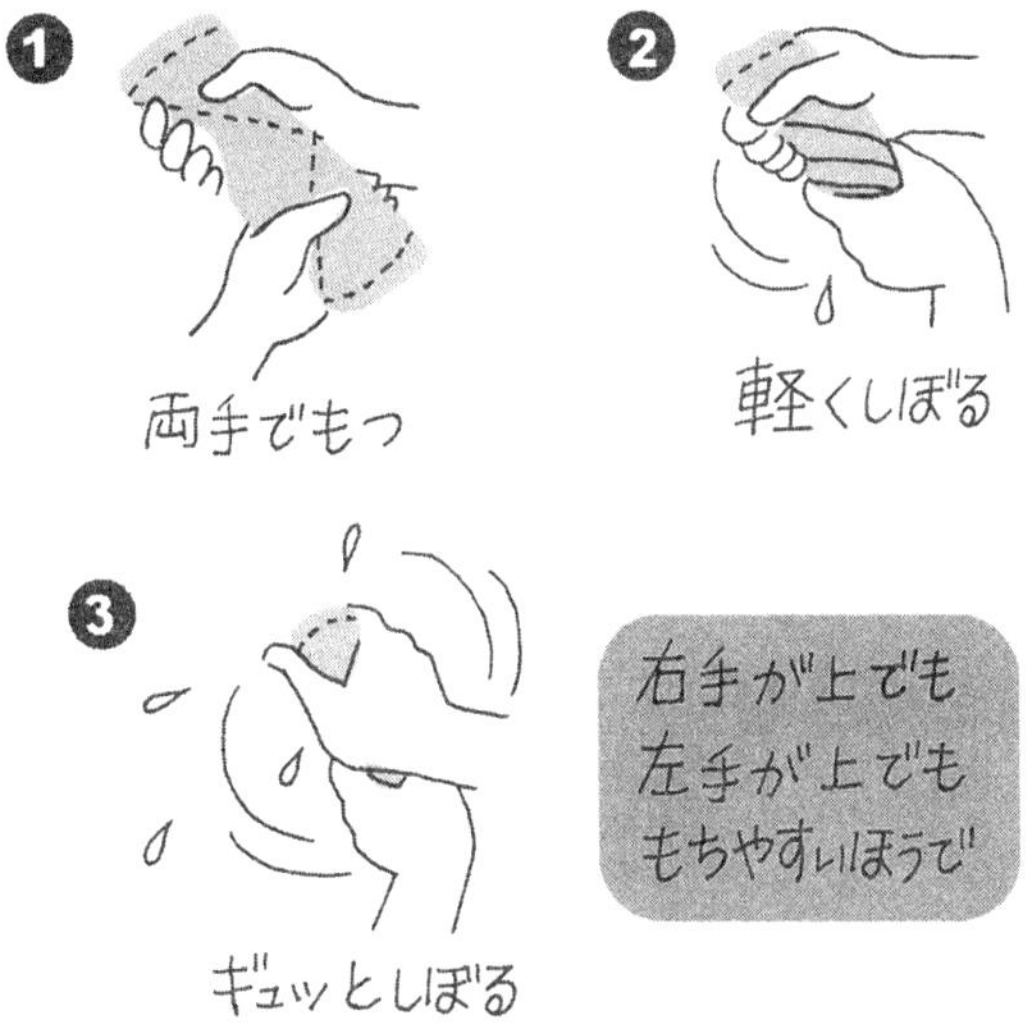
1
両手でもつ
2
軽くしぼる
3
ギュッとしぼる
右手が上でも
左手が上でも
もちやすいほうで

ほうきの使いかた

ゴミをまいあげないように
1カ所に
まとまるように
おさえぎみにはく

洗車を手伝う

おかあさんのひと言

車もみがくと調子がよくなるみたいね

どこをするか

洗車はおとうさんの担当の家が多いのではないでしょうか。

おとうさんが「バケツに水をくんでくれ」「こんどはぞうきんを取って」などと子どもに言いつけて、子どもが言われたことをさっとやる、という呼吸を教えるのがよさそうです。

そのうち、「つぎはきっとブラシが必要になるはずだ」と、さきを読んでおとうさんに手わたせるようになると、すばらしいですね。

道具のあつかい

おとうさんが「ブラシを取って」と言ったとき、ブラシの側を差し出すのではなく、柄のほうを向けてわたせば、受け取りやすい。

日常のお手伝いでそんな配慮ができるようになれば、いろいろな場面で役に立つでしょう。

そうじを手伝ってみると気づくこと

だれかがきれいにしてくれた部屋にいたり、だれかがみがいてくれた窓を見ているだけでは気づかなかった自分の行動が、きっとそうじのお手伝いをとおして見えてくるはずです。そうじをしてきれいにする前に、まずはよごれないようにすればいい。もちろん、生活している以上、家はよごれるものだけれども、ちょっとした行動で必要以上によごれないものなのです。

ほうっておいても子どもは自分なりに気づくでしょうが、親がそれとなく言葉をそえて、「ああ、そうだなあ」とはっきり意識させることも必要だと思います。

いくつか、私が家をよごさないように子どもに教えていることをあげておきましょう。

1 玄関に入る前に身体のよごれを落としておく

泥遊びしたあとなら、靴の裏や身体についた土を落としてから玄関に入るだけでずいぶん違います。

雨の日でも、玄関の外でコートについた水滴をはらうだけで、玄関のぬれかたが違います。

2 窓のあけしめのときはガラスをさわらない

窓枠には必ず「手がかり」があります。ガラスに手のひらをついて、ずずっと押してあけしめするからガラスが指紋でよごれるのであって、手がかりをきちんともってあけしめすればよごれません。もちろん、食器棚の扉にも、障子にも、ドアにも、あけしめのための手がかりが必ずついています。

あたりまえのことですが、教えないと子どもは気づかないようです。

3 よごしたときに、そこをきれいにすれば全体がよごれない

床に落とした紙くず、トイレの床にこぼした手洗いの水、洗面台に落とした歯みがき粉など、よごしたその場で拾ったりはいたりすれば、ラクチンです。

小さなよごれだからとほうっておくと、いつのまにか部屋全体がきたなくなってしまいます。

2章●片づけ

使ったものをもとにもどす。家事の基本がここにある

子どもに伝えたい「片づけ」の本質

片づけは、そうじとは違います。そうじは、よごれを取って家をきれいにすること。片づけは、使ったものをもとにもどすこと。

おかあさんが「部屋を片づけなさい！」と子どもをしかるとき、たいていは「部屋をきれいにしなさい！」と言いたいのでしょう。でも、ほんとうは違うのです。使ったものを出しっぱなしでしまっていないから、部屋が雑然としているだけのこと。「使ったあとでもとにもどす」という習慣さえあれば、「片づけ」という単独の家事はそもそもないものだ、とさえ言えます。

片づけは、「使うものを出す」→「使う」→「片づける」そして「使うものを出す」→「使う」→「片づける」……と続く、流れの一部分。子どもは、遊びたいと思えば、どんな奥からでもおもちゃを出してきます。そして、盛大にひろげて遊びます。でも、それで「遊びたい」はかなえられてしまう。最後の「片づける」はどうでもいいことになってしまう。

子どもだけではなく、大人だって同じです。本を読みたい。出してきて読む。読み終わったらもう用はないから、そのへんにおきっぱなしにしてしまう。私もついついやってしまうことで、ベッドの枕元にはすぐ本が山積み状態になってしまいます。

そうこうしているあいだに、部屋や机の上や玄関は、出しっぱなしにしたものでいっぱいになり、「片づけなさい！」と言わなければならない状態になるわけです。

この章では、「いま使ったものを片づける」ことと、「出しっぱなしになっている状態を片づける」ことを、両方取りあげています。日常の生活でよくあることを取りあげたいために、「出しっぱなし」のほうも取りあげないわけにはいかないからです。

でも、おとうさん、おかあさんは、しっかり区別しておいてください。片づけの基本は、「使ったものをもとにもどすこと」。それがきちんとできる子になれば、大丈夫です。

片づけがきちんとできるとは、ただ「きれい好きな子になる」というだけのことではありません。人はものを使って自分の生活を築きます。仕事だってそうです。ものと人とは切っても切れない関係にある。自分がどういうものをどういうふうに使っているか、に無自覚であるよりも、自覚的であるほうが、ずっと暮らしは豊かに営めます。「出したらもどす」ができるとは、その「もの」とじょうずにおつきあいできるということなのです。

片づけについては、拙著『子どもを伸ばす　お片づけ』で詳しく書いています。参考にしていただけるかと思います。

片づけがじょうずになる2つのポイント

片づけは、「もとにもどす」作業です。つまりは、「もとの場所」がきちんと決まっているかどうかがポイントです。「もとの場所」を決めるのは、最初は子どもにはむずかしいこと。最初は親が決め、小学生になったら子どもといっしょに相談して決め、高学年以降は自分で決められるようになるといいですね。

1「もとの状態」を決める

木のおもちゃは「木のおもちゃ用の箱」に入っているのがもとの状態。子ども部屋の床にはなにもないのが、もとの状態。パジャマはたたんでベッドやふとんの上にのせてあるのが、もとの状態。そんなふうに、子どものものについて「こうしておくものでしょう」と決まった形を作ってしまいましょう。

そのつど片づけかたを考えなければならないと、片づけはむずかしい作業になってしまいます。

2取り出しやすくもどしやすく

出すときにはがんばって出しても、もどしにくいと片づけるのがめんどうくさくなってしまいます。「もとの場所」は、取り出しやすくもどしやすくを意識して。「床の上にほうりだす」のと同じくらい簡単にもどせるなら、子どもにだってもどせます。

お手伝いのステップ

基本は、自分のもの、あるいは自分が使ったものをきちんと片づけられるようになればよしとしましょう。まずそれができれば、「自分の脱いだ靴をそろえるついでに、おとうさんの靴もそろえておく」「リビングで使ったはさみを片づけるついでに、テーブルの上の雑誌ももどしておく」など、家族みんなのこともできるようになります。

とはいえ、なにも教えないでいると、「なんで私が、お父さんの靴までそろえなきゃいけないの」と、自分のことだけしかしない子になってしまうかもしれません。親が見て、「いっしょにみんなの靴もそろえておいてね」「はさみを棚にもどすなら、いっしょに雑誌ももどしておいてくれる？」と声をかけて、やらせてみてください。

「なんで私が」と言ったら、「同じ手間でしょう？」「自分のことだけでいいの？」「おかあさんもみんなのことをやっているわよ」などと言うと、子どもはちゃんと理解します。

靴をそろえる

おかあさんのひと言

靴が脱ぎっぱなしの玄関は恥ずかしいよ

そろえかた

まず自分の靴の場合。子どもはドアをあけた勢いのまま家に飛びこむでしょうが、そのときに声をかけて、脱いだ靴のかかと側をもってむこう向きにそろえるように言いましょう。

じつは、こうしていったん家のなかを向いて靴を脱ぎ、あがったあとでむこう向きにそろえるのが、いわゆるマナーでもあります。

そのうち、靴をそろえるのがめんどうくさくて、うしろ向きで靴を脱いであがるようになるかもしれません。むかしはあがりかまちが高かったのでそんな芸当はできなかったのでしょうが、いまはせいぜい10センチ。子どもでもできてしまいます。

毎日のことなので、私は楽してもかまわないと思います。でも、子どものうちから外出先では、「いったん脱いで、あとでそろえるのよ」と教えておきましょう。

自分の靴をそろえるときに、家族の靴や友だちの靴が脱ぎ散らかしてあったら「いっしょにそろえておいてね」と声をかけます。そろえかたは、やはりかかと側をもってむこう向きに。

靴のあつかい

脱いだ靴をそのままげた箱にしまおうとしたら、「ちょっと待って」と注意しましょう。靴は湿気がこもっているもの。できれば一晩、せめて数時間はたたきにおいておいて、湿気を抜いてからげた箱にしまうものです。

ふとんを整える

おかあさんのひと言

ベッドメイクは自分でしましょう

ベッドメイクのしかた

お手伝いというイメージはないかもしれませんが、おかあさんがやるのではなく自分でやるのが当然のことです。その意味で、取りあげました。

ベッドで寝ているにしても、ふとんを敷いているにしても、起きてすぐベッドカバーをかけたりしまったりすると寝ている間の湿気が抜けません。理想的には、朝、起きて30分くらいは掛けぶとんを半分くらいに折った状態においておきたいものです。

子どもが学校に行く直前にベッドメイクをする習慣がついたらいちばんいいと思いますが、時間がないなら起きてすぐでもいいでしょう。

1 ベッドの場合

簡単ですね。掛けぶとんをきちんと直して、枕をおきなおせばOK。シーツがよれよれになっていたら、ピンと引っぱって下に押しこみなおしましょう。ベッドカバーを使っているなら、かけるのも忘れずに。

2 ふとんの場合

敷きっぱなしならベッドと同じです。押入れにしまうときは、先に敷きぶとんから。毎日のことでシーツをはがすのがめんどうなら、そのままでもいいでしょう。敷きぶとんは3つ折りが基本です。それから、掛けぶとんをのせます。掛けぶとんは4つ折りが基本。寝るときに上になる面を内側にたたむと、あとで敷きやすいものです。

シーツやカバーのあつかい

「シーツやカバーを洗ってほしいなら、自分で洗濯かごに入れておきなさい」という習慣をつけましょう。わが家では、私が週末にまとめてシーツやカバーをはがして洗濯しますが、それ以外の日なら自分で出すのがルールです。

ベッドメイクをするときに、「洗濯しなくてもいいかな」ということを目で伝えましょう。

シーツのかけかた
ふとんの下にシーツをシワにならないように
引っぱりながらおりこむ

■コラム■　押入れはしまいやすく

ふとんは重いもの。ぎっちりとふとんが入った押入れにしまうのは、大人でも重労働です。また、押入れの上の段のさらに上のほうは、大人の背でようやく届くくらい。子どもには届きません。

ふとんの出し入れを子どもにさせるなら、低い位置にゆったりとしまえるスペースを作りましょう。

机の上を片づける

おかあさんのひと言　**机の上は遊ぶ場所じゃありません**

片づけかた

教科書をしまう場所、ノートをしまう場所、えんぴつを立てておく場所、プリント類をしまっておく場所……「もとの場所＝定位置」が決まってさえいれば、「机の上を片づけて」だけですむはずです。

決まっていないなら？　では、いったん片づけは中断。きょうのところは、子どもといっしょに「このひきだしはノートをしまうようにしようね」などと決めましょう。

もうひとつ、大事なポイントがあります。往々にして、捨ててもいいものが机の上には集まってくるものなのです。だから、「机の上を片づけるときは、いらないものは捨てなさい」と言いそえて。

小学校低学年では、なにを捨ててもいいのか判断しにくいものでしょう。おかあさんが見ていて、「このプリントはもういらないんじゃないの？」「このおり紙はとっておくの？」などと確認します。

机のあつかい

小学校入学と同時に学習机を買いあたえる家庭が多いと思います。でも、じっさいのところ、1、2年生のうちは机は「勉強のための場」というよりは「遊ぶための場」。宿題もわずかですから、食卓やリビングでささっとやってしまうものでしょう。

でも、机は勉強のための場であることは、子どもにしっかり伝えたいもの。まず、宿題は机でさせる。点検はお母さんのいるリビングでもいいから、宿題をするのは机にします。

それから、机のひきだしは、すべて学校（勉強）関係のものに限ること。はじめのうちは入れるものがなくてすかすかでも、カードゲームやおもちゃをしまう場所にしてはいけません。

最後に、机の上はものおきにしないこと。せいぜい鉛筆立てと辞書類・教科書をおく本立てをおくくらいにしましょう。そうしないと、あっというまに机の上は雑然としたものに占領されてしまいます。

子ども部屋を片づける

おかあさんのひと言

床の上にものを出しっぱなしにしない

片づけかた

机の上と同じで、「もとの場所」＝定位置が決まっているなら、「片づけなさい」ですむはずです。あまりに散らかり放題なら、全体をいきなり「片づけろ」といっても、どう手をつければいいかわからないかもしれません。

その場合は、いちばん目ぼしいものを指定します。「まずブロックを片づけて」「まず人形遊びの一式を片づけて」など。それが終わったら、「つぎは、○○を」と区切りをつけてあげると、順々に手をつけていけるものです。ほったらかしてある「捨ててもいいもの」を捨てるのも忘れずに。それを子どもが自分で見つけるのはむずかしいので、「このカードはいるカードなの？」「このリボンはなにに使うの？」などと確認してあげましょう。

子どものもののあつかい

子どもがいる家では、リビングの片すみの「子どもコーナー」にしろ子ども部屋にしろ、子ども専用スペースを作る必要があると思います。そして、子どものものはそこがおき場所（「もとの場所」）だ、と家族のルールを作ってしまうのです。

子どものものが増えたときには、安易にスペースや収納家具を増やさずに、まずは「いらない物があるのではないか」とチェックしましょう。

リビングを片づける

おかあさんのひと言

リビングはみんなで使う場所です

片づけかた

「リビングが散らかっているから、片づけておいてね」と子どもに伝えたときに、子どもは自分が使ったものを片づけようとするでしょう。前述したように、基本は「自分が使ったものは自分でもとにもどす」なので、それで第一歩としてはＯＫです。

でも、小学生にもなる子どもが、自分のものだけ片づけて、「ああ、終わった」という顔をしていたら、もう一歩、手伝うように言いたいもの。「自分のものだけじゃなくて、散らかっている新聞も片づけておいてちょうだい」「どうして自分のコップだけ片づけるの。妹のコップもいっしょに持ってきてあげたら？」「床にゴミが落ちているのに気がついたら、捨てておいてほしいな」。

完璧に片づけられなくても、家族のぶんまで片づけができたら、ぜひほめてあげてください。

リビングのあつかい

私はいつも書くことですが、リビングは家のなかのパブリックスペース、つまり公共の場です。「公共の場」と位置づけると、リビングでどういうふうにふるまえば、おたがいに気持ちよくくつろげる場になるか、わかるでしょう。

片づけに関しても、公民館に遊びに行ったときなどを考えてみればいいと思います。自分で持っていった道具はもって帰るのは当然として、備えつけの本やおもちゃが乱雑においてあったら、だれでもささっと直しておくものでしょう。

リビングに関しても、「もとの場所」がきちんと決まっていることが大切です。みんなが使う場所であり、みんながおたがいに片づける場所なのだから、「もとの場所」についてもみんなが知っていなければなりません。

まずは夫婦で「新聞はここ」「ビデオテープはここ」と相談して決め、子どもには「そういうことになっている」とルールとして教えましょう。

片づけを手伝ってみると気づくこと

片づけに関しては、自分で出した物を自分で片づけるようになると、ずいぶん行動が違ってくるはずです。どうせ片づけなければならないのだから、親に言われる前にもどしておこう、と身体を動かすようになってくれれば、片づけが「身についた」と言ってもいいでしょう。

あとは日常の片づけをとおして、つぎのことに気づいてくれれば、きっと大人になったときには自然に手を動かせる人になってくれているに違いありません。

1 出したときにもどせば、片づけは楽

くりかえし書いたことです。こう書いている私だって必ずしもできているわけではありませんが、こういう意識があるだけでも違います。

2 気になったとき片づければ、まとめてやらなくてもすむ

ふと目についたゴミをひとつ拾っておくだけで床はきれいに保てるように、出しっぱなしの新聞を通りがかりにちょっと手にして新聞置き場におくだけで、リビングは自然にきちんとなっていきます。

気がついたときに動けるかどうか。これはとても大切なこと。気がついたときに「気がつかなかったフリ」をしつづけると、そのうち「気がつかない人」になってしまいます。

3章● 洗濯

清潔なものを身につける。人としてのエチケットの基本

子どもに伝えたい「洗濯」の本質

洗濯は、身につけていた衣類やシーツなどを洗ってきれいにすること。さて、なぜきれいにしなければならないのでしょう。そうじと同じで、清潔な衣類やリネン類は気持ちがいいからです。

もちろん、不潔にしておくと、病気になるとか座っただけで椅子がよごれるとかいうマイナス面もあります。

でも、私はそれ以上に、洗いたてでピンとした衣類を身につけ、パリッとしたシーツに寝、ふわふわのタオルで手をふく気持ちよさのほうが、ずっとたいせつなことのように思います。

その気持ちよさとは、単に「ここちいい」というだけのことではありません。なにか、背筋をピンと伸ばしたくなる感じ、心が軽くなる感じ。きっと、清潔なものには人の居ずまいをただす力があるのです。

逆に、たとえばへたったようなシャツを着ていると、それだけで気持ちがどんよりとします。仕事で会った人が、ちゃんとスーツを着ていてもちょっとにおったりすると、それだけでその人はいいかげんな人に思えてきます。街で、おしゃれな服なのによごれがついたままで身につけている人を見たら、「だらしない人」と感じるものです。「清潔なものを身につける」とは、自分に対してと同時に、他人に対しても強い力を持つのでしょう。

ところで、私は、水をくぐったものの気持ちよさに勝るものはないと感じています。ものによっては、ドライクリーニングも必要でしょう。洗うと風合いが変わってしまうものもある。

だからなにもかも、とは思いませんが、肌と触れあうものは、水洗いが清潔で気持ちいい。下着やTシャツ、クッションカバー、枕カバー、シーツ、タオルはせっせと水洗いしたいし、綿・麻などの天然繊維のものは水をとおすとピンと張りを取りもどすのもうれしいものです。

ふきそうじの章で触れたように、日本が湿度の高いしっとりした風土であることと、水洗いの気持ちよさとは、深く関係しているのでしょう。

私たちは、お風呂でどぼんと湯船につかって肌をごしごしと洗い、蒸気のたちこめた空気を深く吸って、一日の疲れを癒します。乾燥した国ではシャワーを浴びると言いますが、そもそも日本ほど頻繁に身体を洗う必要はないとも聞きます。

お日様がさんさんとさす日、洗濯機をまわすのは、私にとってはめんどうくさい家事ではなく心身のリクリエーションです。文字どおりの、re-creation。

洗濯機の水によごれが移り、衣類が洗いあがる。水を含んだ衣類をパンパンとたたいてピンとさせて、外で乾かす。何時間かして、乾いてパリッとした衣類を取りこみ、いいにおいをかぎながらたたむ。

心も身体ものびのびとするような作業だと思いませんか。

洗濯がじょうずになる3つのポイント

洗濯は素材ひとつとっても、いろいろな種類に応じた方法をしなければなりません。大人は表示を見れば判断できるけれど、子どもにとりえず基本を教えるなら、つぎのことを原則にしましょう。

1 適量を気にする

「3つの適量」を教えましょう。

ひとつは洗剤の量。洗剤はたくさん入れればよごれが落ちるわけではありません。かえって洗いあがりに洗剤が残って、よごれの原因にもなります。逆に、少なすぎてもよごれは落ちません。洗濯機の容量に合わせて使っている洗剤の量を確かめ、適量を使います。

つぎに、洗濯物の量。入れすぎてはよごれが落ちません。少なすぎる量では水が多すぎたり、布をいためてしまったりします。

3つめは洗濯時間。つい「短いよりは」と洗いすぎてしまうけれど、よほどひどいよごれでなければ標準から短めのコースで大丈夫です。

2 わけて洗う

色ものと白いものをわける、よごれの少ないものと多いものをわける、下着・ハンカチなどとくつした・作業着などとをわける、細かいものと大きいものをわける。これに気を配るだけで、よごれ落ちも、洗濯物のいたみも、ぜんぜん違います。もちろん、洗濯機に入れてもいいものと手洗い、クリーニング店に出すものとをわけるのもだいじです。

3 洗いあがったらすぐに

洗いあがったら、いつまでも洗濯機に入れておかないですぐに干します。これでよけいなシワやおたがいの色移りがなくなります。

乾燥機の場合も同じです。いつまでも入れておくと、シワの原因に。

お手伝いのステップ

まずは、おかあさんが洗濯をするときに、部分部分を手伝わせましょう。たとえば洗剤を洗濯機に入れる、自分のハンカチを洗ってみる、自分のTシャツを干す、など。そのときに、おかあさんが「こういうときは、こうするのよ」とひとつずつ教えればいいのです。

子どものうちは全体ができなくてもかまいません。部分部分で「おかあさんはこうしていたな」と覚えられれば、いずれ全部自分でできるようになるでしょう。

洗濯機をまわす　おかあさんのひと言　洗濯機に入れる前にチェックして

洗濯機のまわしかた

基本は洗濯機におまかせなので、むずかしくはないことです。子どもには、「適量」に注意するように洗濯物と洗剤を入れるように言いましょう。二層式と全自動、あるいは洗濯乾燥機では、少しずつまわしかたが違いますが、「洗濯物を入れて、洗剤を入れて、まわせばいい」のは共通しています。

わが家は二層式を愛用しています。二層式を使うときの注意は、脱水のたびにからまりあった衣類をほどいておくことです。

洗濯物のあつかい

衣類などを洗濯かごから取り出して洗濯機に入れる前に、やるべきことを教えましょう。子どもといっしょに洗濯機に入れながら伝えると、わかりやすいですね。

まずは「3つのポイント」の項に書いた「わけて洗う」（69ページ）ことを教えたうえで、つぎのことができるといいでしょう。

1 ズボンのポケットにものが入っていないかチェックする

洗う前にティッシュやおもちゃが入っていないかチェックするようにしましょう。シーツなど大きいものを洗うときにも、あいだになにかが入っていないかチェックしたほうが安心です。

2 裏返しになっていないかチェックする

洗いあがってからぬれた服をひっくりかえすと、首まわりなどが伸びてしまうし、とにかくあつかいにくいもの。洗濯機に入れるときにひっくりかえしておくほうが、ずっと楽です。

私は、服を裏返しに脱いで洗濯かごにほうりこむ子よりも、きちんと1枚ずつ、表側のまま脱いでかごに入れる子になってほしいと思います。

❸からまってほしくないものはネットに入れる

繊細なレースのついたシャツ、長いひものついた服など、ほかの洗濯物とからみあっていたみそうなものは、ネットに入れることを教えましょう。

「○○ちゃんのだいじな服だから、特別にネットに入れようね」などといわれたら、うれしくて覚えてくれるかもしれません。

❹洗濯物を引っぱらない

洗いあがって脱水された洗濯物を取り出すときに、からまっていたらついぐいっとひっぱりたくなります。

でも、それは厳禁。ぬれた状態で引っぱられた布は、なかなかもとにもどりにくいし、繊維をいためてしまいます。

「引っぱらないで、ほぐしてから出しなさい」と伝えましょう。

洗濯物を干す　おかあさんのひと言

パンパンってしてから干すのよ

干しかた

物干しざおにそのままかける、ハンガーにかける、ピンチハンガーにかける……いくつかの方法はありますが、干すときにだいじなのは、「ピンとさせて干す」ことです。ピンとさせるにはいくつかの方法があります。

私の経験では、なぜか男性は、洗濯物をくしゃくしゃのまま干す傾向があるようです。男の子には小さいうちから「ピンとさせて干す」ことを何度も教え、身につけてもらいましょう。

❶軽くたたんでパンパンする

シャツや子どものズボンなどは、軽くたたんで手の上にのせ、上からパンパンとたたくだけでシワが伸び、アイロンかけが不要になります。私は、この「パンパンの作業」が大好きです。子どもたちも大好きで、1歳のときには見よう見まねでパンパンしていました。

2 はしをもってふる

タオルなどは、軽くふるだけでじゅうぶんです。子どものズボンも、最初はいったんふるといいかもしれません。ふったら伸びるニットやシワ加工のものは厳禁です。小さな子どもにはむずかしいかもしれません。

3 両端をもって引っぱる

シャツのえりやシャツの前たて（ボタンが並んでいるところ）、袖口など、とくにピンとしてほしいところは干すときに両端をもって引っぱっておくだけで、ずいぶん違います。

4 広げておく

エプロンのひも部分、ポケットの袋部分など、洗っている間にくちゃくちゃにまるまってしまうところは、干すときに広げておきましょう。めんどうなようでも、あとがぜったいに楽です。

5 起毛させておく

ピンとさせるという感じではありませんが、ベロアなど起毛素材のものは、ぬれているうちに毛を起こしておきます。洋服のほこりを取るブラシを使うと便利だし、私は小さな子ども服なら手指でささっと起毛させてしまいます。

もうひとつ、だいじなこと。洗濯物を乾かすのは、まず風、そして太陽の光です。

風があたらないと、炎天下に干してもなかなか乾きません。つまり、ほどよいすき間をあけて干すのがコツなのです。あまりにぎちぎちに干そうとしていたら、ちょっと注意してあげましょう。

物干しざおやピンチのあつかい

物干しざおを外で使っているなら、使う前にさっとふくことを教えましょう。雨のあとなどは、土ぼこりがしずくといっしょに固まっていて、せっかくの洗濯物がよごれてしまいます。花粉の季節は言うまでもありません。専用のぞうきんを近くに用意しておきましょう。

ピンチは洗濯物が落ちないように、かなり強い力ではさみます。アイロンでもあとが取れにくいものだということを教えておきましょう。あとがついては困るシャツの肩などには使わないようにします。

洗濯物をたたんでしまう

おかあさんのひと言

取りこんだらすぐにたたんでしまってね

たたみかた

取りこんだ洗濯物の山を前に、ひとつひとつたたんでいる姿はいいものです。

私は、子どものころに見た母親のそういう姿を思い出すだけで、心があたたかくなります。洗濯物をたたむとは、それを身につける人のことを思う行為だからかもしれません。

さて、たたみかたにはきまりはありません。「取りこんですぐたたむ」ポイントさえはずさなければ、大丈夫。

私は忙しいときは、とりあえずたたんでおいて、あとでゆっくりしまうことがよくあります。

子どもといっしょにやるときに、「パンツはパンツで重ねておいてね」など、種類別、しまう場所別に山にするように伝えましょう。

取りこむ時間

地域にもよりますが、夕方になると日が傾き湿度も高くなってきます。私の住んでいる街は海岸沿いなので3時になると海からの湿気が上がってきます。まだ日も高いのに、2時には取りこまなければなりません。

「洗濯物は夕方になる前に取りこむのよ」と教えておきましょう。その時間がすぎても両親が留守にしていたりして外に干しっぱなしになっていたら「ぼくがやっておこう」と気づくための第一歩です。

洗濯物の干しかた

洗濯物のたたみかた

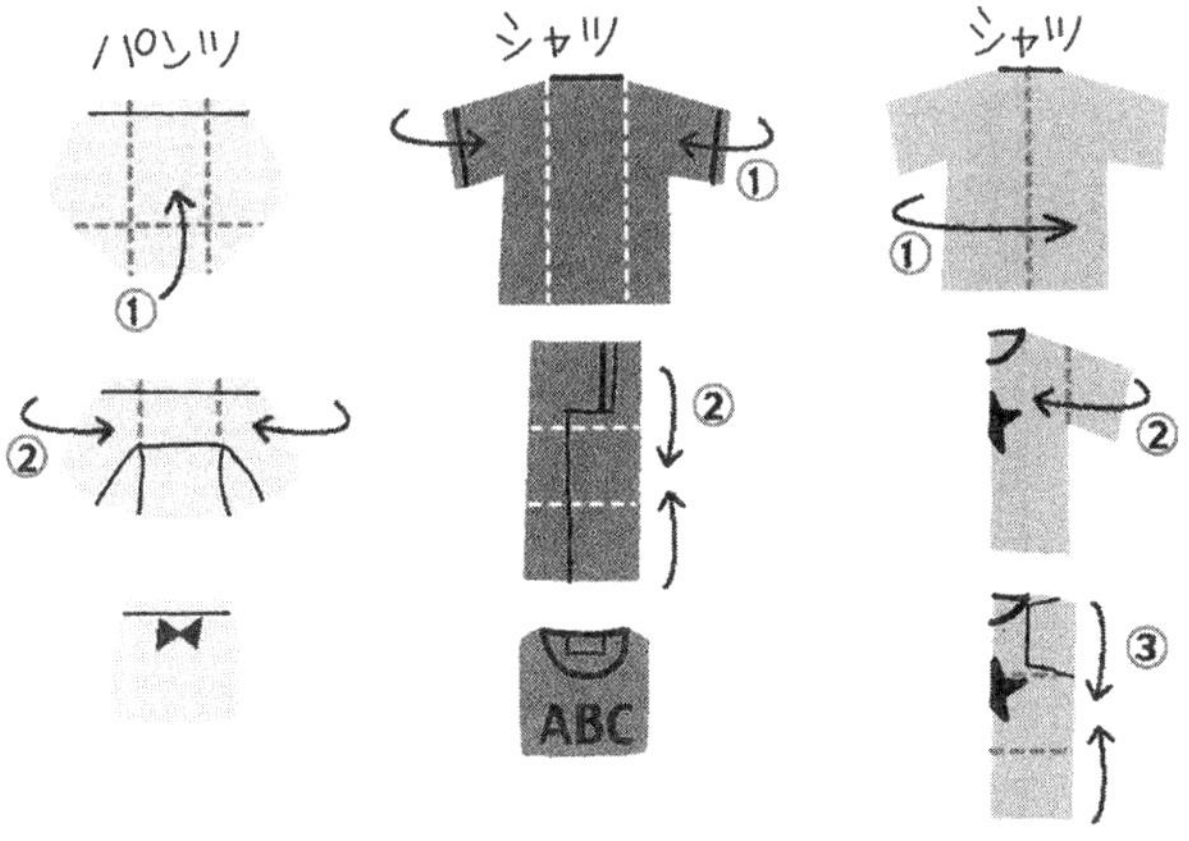

■コラム■

表で干すか裏で干すか

黒や紺色など濃い色の布は、日光に長時間さらすと色あせします。また、真っ白な布を日光に当てすぎると黄ばみます。洗濯物を干す場所が、強い直射日光の当たる場所なら、裏にひっくり返して干すほうが衣類をいためません。

でも、弱い日光や軒下などの日かげなら表で大丈夫。私はよほど濃い色のもの以外は、外で干すときも表向きで干します。裏向きで干した衣類を表に返したときの、折り目が逆になった状態が好きではないのです。

どちらにしても、子どもに教えるときは「わが家のやり方はこうです」と決めておいたほうが混乱しないと思います。

小さなものを手洗いする

おかあさんのひと言　よごれたところはよくごしごししてね

なにを洗うか

洗濯機をまわすのもいいけれど、小さなものや大事なものは、手で洗ったほうがよごれがきちんと落ちるし、なにより素材をいためません。ハンカチ、くつした、お気にいりのレースつきのブラウス。なんでもいいので、子どもに洗わせてみましょう。

私は、一人暮らしのころは、下着とハンカチはお風呂に入るついでに手で洗っていました。下着はわけて洗いたいし、ハンカチは繊細なものなのでいためたくない。自分のぶんだけだからラクチンでした。

学校の上ばきや運動靴なども、小学生になったら、たまに自分で洗わせるようにして、高学年になる前にはいつも自分で洗うようにできたらいいですね。

洗いかた

ここでは、お菓子のよごれがついたハンカチと、学校の上ばきを取りあげます。

1 ハンカチ

洗面器に水かお湯を張って、ハンカチをぬらします。よごれがついたところにせっけんをこすりつけて、両手でもみ洗いします。その水でせっけんをざっと落として、新しい水できれいにすすぎます。そして、ぞうきんの要領（45ページ）で、ぎゅっとしぼります。

洗いあがったら、お風呂の壁やガラス面など平らな場所にはりつけましょう。「こうしておいて、乾くと、ピンピンになっているのよ」と教えながら、シワが寄らないようにぴったりとはりつけます。私も母に教えてもらった、お洗濯の遊びです。

2 上ばき

　お風呂場でぞうきん用のバケツを使うか外の洗い場で洗います。全体をぬらしたあと、靴用のブラシに洗剤をつけます。靴用の洗剤でもいいけれど、私は衣類の洗剤を兼用して使っています。ブラシで全体をごしごしして、とくによごれの強いところは念入りに。順番はともかく、「中敷き」「表側」「底」の3か所を忘れないように洗うように言いましょう。中敷きは忘れがちですが、汗やよごれが意外にしみこんでいます。においの原因にもなるから、念入りに洗います。ブラシでこすりながら洗剤を落とし、きれいな水ですすぎなおして終わりです。

　よく乾燥した日なら、日向に立てかけておけば半日で乾きます。乾きにくそうな日なら、新聞紙をまるめて中に入れ30分ほど置いておくと、水気を吸い取ってくれて乾きが早いものです。「いつまでも新聞紙を入れっぱなしにしておくと、かえって乾かないのよ」と教えましょう。

　そうそう、洗うとき、肌がじょうぶなら素手が

雨の日に靴が
ぬれたときも
この方法で
かわかす

いちばんやりやすいものです。でも、肌が弱い子どもなら、子ども用のビニール手袋を用意しましょう。

■コラム■ **洗剤は残さない** ■

食器でも衣類でも靴でもなんでも、洗ったあとに洗剤を残さないように教えてください。目安は、すすぎの水がにごらないこと。洗剤が残っていると、繊維を傷めるし、変色や臭いの元にもなるし、肌にもよくありません。

アイロンをかける

おかあさんのひと言 **アイロンは斜めにかけないで**

アイロンのかけかた

アイロンかけのお手伝いは、ハンカチから始めましょう。男の子も、自分のハンカチくらいアイロンがけできなければ、恥ずかしい。将来のデートのときに備えて、いまから訓練です。

ハンカチをアイロン台にひろげます。このときに、アイロン台に平行におくようにすること、シワシワのままおかずにひろげておくこと。シワをひろげながらアイロンをかけると、生地が変に伸びてしまいます。

アイロンをぐいぐい押さずに、生地の上をすべらせるようにかけましょう。生地が動かないように、あいた方の手でハンカチを押さえながらかけていきます。だいじなことは「斜めは厳禁」ということ。生地の目にそって、なるべく縦に、たまには横にかけるようにします。

そして、アイロンがピッときいたように見えるには、はしやかどがポイント。そうじと同じですね。子どもが仕上げたあとをチェックして、「かどまできちんとかけておくと、きれいよ」などと教えましょう。

私はハンカチに強い折り目がつくのは使いにくくて好きではありません。それで、平たくかけたあとは熱いうちにたたむだけですが、折り目をつけたいならたたんで最後に押しをかけるようにします。

アイロンのあつかい

あたりまえのことですが、アイロンはとても熱いものです。子どもが、不安定な場所にアイロン台をおいたり、ちょっと横におくときにアイロンを足元においたり畳の上にふせて置こうとしたりしたら、「あぶないでしょう」と注意しましょう。

家の中で、「アイロンをかけるときは、ここ」という定位置を決めておくとわかりやすいものです。「おかあさんはいつもここでかけているから」と自然にそこでやるようになるでしょう。

また、コードを抜いたあとのアイロンのあつかいも、教えておいてください。

洗濯を手伝ってみると気づくこと

洗濯の全体の流れが頭に入っていると、洗濯物の出しかたが変わってくるはずです。「出すときにちょっと気をつけるだけで、おかあさんがずいぶん楽になる」と気がつく子になってくれるといいですね。

子どもによってはなかなか実感できないかもしれません。でも、親がくりかえし口にすることで、必ず身につくもの。うんざりしないで、どうぞ「こうしておいてね」と子どもに教えてください。

❶服を裏返しに脱がない

意識しないでもできる癖にしてしまいましょう。癖になるまでは、うるさいようでも親が注意しつづけるしかないようです。

❷ポケットにティッシュやアメを入れっぱなしにしない

洗濯かごに入れる前にチェックするのもだいじですが、日常生活でポケットにゴミやお菓子を入れっぱなしにしない習慣を身につけさせたいもの。ティッシュがモロモロになって貼りついた悲惨な洗濯物をじっさいに見せて、「こうなるのよ」と教えましょう。

❸体操服や給食着は持って帰ったら洗濯かごに入れておく

洗濯機をまわす都合上、いきなり出されても洗濯できないものなのだということです。わけて入れるから、洗濯機をまわしてしまったらあとから入れられないから、など、理由はやってみればわかるはずです。「洗濯してほしいものは、自分で出しておく」をルールにするとよいかと思います。

4章●食卓と食器

おいしい食卓。
食は家族と家の中心

子どもに伝えたい「食卓と食器」の本質

食卓は食事を食べる場所です。食事を食べる前に食器を出し、食べ終わったら片づける。それ以外のときは、なにもおかない。つまり、なにもおいていない状態が、食卓のふつうの状態です。

たとえば朝食の食器が、昼まで出しっぱなしではだらしない。もちろん食べ終わって、すぐにそそくさと片づける必要はありません。ゆっくりお茶でも飲み、新聞を読めばいいのだけれど、いつまでも出しっぱなしにしておくのは、なしです。

食卓の上に、食事とは関係のない雑誌や宿題やダイレクトメールが山積みになっているのは、やはりだらしない。食事のたびに片づけるならまだいいけれど、じゃまなものを片すみに寄せて、あいたスペースで食事をするようでは困ります。

私たちのいまの暮らしかたでは、台所と食卓と居間はひとつづきになっていることが多いようです。台所や食卓は生活の場として、目にも入るし、そこでなにかすることも多い場所です。

だからこそ、台所も食卓も、ふだんはなにもない、すっきりした状態にしておく。食事のときにはていねいに食器を並べ、食事が終わったら食卓はきれいに片づける。

食べ終わった食器は、あまり時間をおかないで洗い、洗いかごにいつまでも伏せておかないで、水が切れたら食器棚にしまう。そんな気遣いが、生活を気持ちよくしてくれるのだと思います。

それから、食器のあつかいについて。これも、家庭で親が子どもに伝えるべき、たいせつなことだと思います。乱暴に音を立てるのはよくないこと。出し入れするときは両手を使って、ていねいにあつかうこと。

陶器は水を吸いやすく、ちょっとかたいものにあてると、すぐ欠けてしまうものだ、ということ。磁器は丈夫だけど、衝撃でぱりんと割れてしまうこと。ガラスはぬれた手でさわるとすべりやすく、欠けたところではけがをするくらい鋭いこと。漆はとても頑丈で、ふくたびにつやが出てくること。食器の糸底によごれをつけてしまうと、取れにくいこと。

そんなことは、頭で覚えるのではなく、日常の食生活、そしてお手伝いの場面で知らず知らずに身についていくことだと思います。

親が食事の手伝いをさせなければ、そしてそこで会話をしながらしつけなければ、大人になってから子どもが「自分はなにも知らない」と恥ずかしい思いをするはめになるのです。

食卓をきれいにする2つのポイント

食卓をすっきりときれいに保つには。前項のくり返しになりますが、ポイントはやはりつぎの2点に絞られます。

1 食卓にはなにもおかない

これをルールにしてしまいます。新聞も、読んだら決められた位置へ。また、「出したら戻す」だけではありません。お茶のセットや薬類、台ぶきんなどは常におくことにしている家庭もあると思います。でも、あえておかないことにしてみてはいかがでしょうか。「○○だけはおく」にすると、つい、ほかのものもいっしょにおいてしまうのが人というものだからです。

「なにもおかない」にすれば、一切おかないのですから、かえって実行しやすいのです。わが家では、小さな花入れだけが中央においてありますが、不思議なことに花入れだけは、ほかのものをすい寄せないようです。

2 食事のときはきちんと食器を並べる

食事のときに食器を並べるのはあたりまえだと思うかもしれません。でも、きちんとした並べかたを教えましょう。

子どもが小さかったり、家族が出かけていて一人だけだったりすると、つい適当になるけれど、そこを意識してきちんと並べる。詳しくは92ページに書いてあります。

お手伝いのステップ

食事の前に食器を出したり、食べ終わった食器を下げたり、といった作業は、3歳くらいの小さな子どもでもできるお手伝いです。保育園では、1歳2歳の子どもが、ちゃんと食器を下げています。家庭でも、このへんからお手伝いを始めるとよいのではないでしょうか。

3歳くらいから、「食べ終わったら、台所に下げておいてね」から始めます。つぎに、「みんなのお箸とお茶わん（家庭によってなんでもいいですね）を並べておいてね」「おかあさんが食器を洗うから、みんなの食器を台所に運んでね」など、少しずつひろげていきます。

器用になってくる7歳くらいからは、「洗った食器をふいてね」「おにいちゃんがふいて、○○子ちゃんは片づけてね」などと、片づける作業もできるようになります。

コラム■

居心地の悪さとは

■

離婚を経験した知人が、こんな話をしていました。

離婚の原因はいわゆる価値感の違いなのですが、彼はあるとき、妻が食卓にものを出しっぱなしにする習慣がいやになったというのです。彼は、食事のたびに「なにか居心地が悪いな」と思いつづけていて、突然、気づいたわけです。「ものが出しっぱなしの食卓で食事をしているからなんだ」と。

そして、子どものころは、食卓にはなにもないのがふつうだったことを思い出したそうです。彼は、「食卓に物が出ている」と意識はしないでいたけれど、身体が居心地の悪さを感じつづけていたのだと思います。妻との関係が悪くなってきたときに、いままで意識しなかったことまでが意識にのぼってきたのでしょう。

食卓にものを出しっぱなしにするから夫婦の関係が悪くなる、などと言いたいのではありません。

習慣は人それぞれですが、人間関係においては身についたことのささやかな相違が、意外に大きな影響力を持つのです。

食器を並べる

おかあさんのひと言

お茶わんは左、汁わんは右

食器の並べかた

なにも「正式な」小笠原流礼法を身につけさせなくてもいいのです。家庭で、いつも見慣れた食器の並べかたがあって、それがほぼ常識的であることのほうがずっと重要です。家庭で使う食器の基本的な並べかた、をお手伝いしながら自然に覚え、その並べかたに沿って使うようにしつけていきましょう。お茶わんが右においてあったら、なにか変だと感じることが「身につく」ということだと思います。

私が考える、家庭で身につけたい食器の並べかたは以下です。

1 お茶わんは左、汁わんは右

よく言われるように、日本では位の高いもの、大切なものは左におきます。「だから、ごはんは左なのよ」と教えましょう。この「左が上」は、ほかにもいろいろなシーンで役に立つ知識なので、子どもが知っておいてもいいことだと思います。

2 おはしは左向きに

右手でもつときの方向のままにおいておけばいいわけです。子どもは、ばらっと置きがちなので、「ちゃんとそろえてね」と伝えましょう。

3おかずは向こうの中央に

お茶わん、汁わん、おはしの3点が基本。だから、おかずはその向こう側におくのです。懐石料理では、「向付《むこうづけ》」と言いますね。

4小皿は向こうの右に

取り皿やしょうゆ皿は、向こう側におきます。私は、いくつも小皿が必要なときは、じゃまにならないように並べればそれでいいと思います。

5ナイフは右、フォークは左、スプーンは右

ステーキやパスタを食べるときに、家庭であってもちゃんとカトラリーをセットすれば、レストランでも困りません。小さいうちはほとんど意識しなくても、これも慣れの問題。反対に置かれていたら勝手が悪いということに気づけば、自分で並べると

きもまちがえることはないでしょう。

6 パンやサラダは左

メインは中央、ついてくるものは左側です。

食器のあつかい

食器は大切にあつかいます。ごとんとおいたり、がちゃんと重ねたり——つまり音を立てるようなあつかいをしていたら、注意して。たとえプラスチックのおわんでも、ていねいにあつかうものなのです。おわんをうかつにも落としたとき、「ああ、プラスチックでよかったね」ではなく、「割れなくてよかったけど、もっとていねいにあつかいなさい」と言ってほしいと思います。

私は、「陶器やガラス器はこわれるから、子どもには使わせない」という考えかたには反対です。ひとつには、こわれる素材だから大切にする、こわれない素材だから乱暴にしてもいい、というものではないから。

もうひとつには、こわれる素材だからこそ日常に使ってあつかいに慣れてほしいからです。そもそも、陶器やガラス器はこわれるもの。だって土やガラスでできているのだから。そしてそんな素材だからこそ、手にやさしく、目に美しい。こわれるもののよさは、子どもだって理解できるはずです。

お代わりをよそう

おかあさんのひと言

2回にわけてよそってね

よそいかた

小さいうちは汁物はむずしくても、ごはんならよそえます。お釜が熱くてあぶなくても、1回、さわりそうになって熱い思いをすれば、2回目は注意します。「お代わり」と言ったときに、「自分でよそってみる?」ときいてみましょう。あるいは、「おとうさんのお代わりも、いっしょにやってくれる?」ときいて、じょうずにできたらほめてあげてもいいでしょう。

なんであれ、2回にわけてよそうのが基本です。

「1回目でだいたいの量を入れて、2回目でちょうどいい量に加減するのよ」と教えます。それに、2回にわけたほうが、盛りつけもこんもりときれいにできます。

だいじなこと。茶わんの受けわたしは、ていねいに。お客さまならばおぼんで受けわたしするのがいいけれど、家族なら両手で受けわたしするくらいで充分です。亭主関白でもあるまいし、片手でぐいっと突き出すのはみっともないことです。

汁物のあつかい

汁物も2回にわけてよそいますが、いくつかのポイントがあります。

❶お玉のしずくを切る

お玉（レードル）を鍋の汁の表面に軽くつけてから引き上げると、しずくがきれいに切れます。

そのときによそえば、おわんがよごれません。

❷おわんやお皿がよごれたらふいてから渡す

それでもしずくでおわんやお皿がよごれることがあります。そのときは、「よごれたままわたさないでね」と教えます。わが家ではティッシュを使いますが、きれいなふきんでもいいのです。

ごはんのよそいかた
2回にわけて
まんなかが
こんもり高くなるように
よそう
汁物のよそいかた
2回にわけてよそう
具がかたよらないように

食べ残しを冷蔵庫にしまう

おかあさんのひと言

小さい器に移し替えてね

しまいかた

大皿に盛りつけたかぼちゃの煮物が3切れくらい残っていたら、小皿を出して移し替えてからラップをかけて冷蔵庫へしまいます。小皿でも、密閉容器でも、家庭によってどちらでもいいでしょう。移し替えるときには、そえてあった取りばしか菜ばしを使って。

まだ鍋に残っているぶんもあるなら、大皿の食べ残しを合わせてしまいます。ミートソースなどなら、合わせたあとで火を入れなおすと安心です。熱いまま冷蔵庫に入れようとしたら、「冷めてから入れないと、冷蔵庫のほかのものがいたむでしょう」と注意します。

言うまでもないことですが、家族のおはしをつけたものなら、いたみやすくなっているので、合わせないように。そもそも、おはしをつけてしまったものは、一晩でもおいておくのはちょっと気になります。みんなで取りわけるものには取りばしや取り分け用のスプーンを。

盛りつけについて

まず、食べきれる量を食卓に出すのが基本です。

一人一人に分けてお皿に盛るなら、当然のこと。出されたものは食べきるのが、礼儀です。全員のぶんを大皿に盛るときも、人数分を考えて、鍋からお皿に盛りつけておきます。たりなくなりそうなら、あとで鍋から出してたせばいいのです。

お客が自分で大皿から取りわける茶懐石のおかずでも、最後の人が取りきるように盛りつけてあります。

私は、たとえ取りばしを使っていても食卓に出したものは足が速くなる気がします。必ずしも子どもに必要なしつけではないかもしれませんが、もしこの考えに共感できるなら、子どもに「食べきれるように考えてね」と教えながら盛りつけも手伝わせてみませんか。

食べ残しのあつかい

私は、冷蔵庫に食べ残しがたくさんつめこまれている状態は、とても苦手です。冷蔵庫は長期食品保管庫ではなく、一時的においておく場だと思うのです。

だからまず、食べきれる量を考えて作ります。どうしても食べ残しができたら、必ず翌日食べるようにします。ほんのちょっと残りそうなら、食事が完全に終わる前に

「これ、食べる人いない？」ときさます。それでも1切残ったようなおかずは、思いきって捨てることもあります。「京のぶぶ漬け、関東のひとつ残し」と言いますが、うっかりするとすぐ1つだけ残ってしまうのが不思議です。

なぜなら、食べ残しは、多くの場合、冷蔵庫に入れっぱなしになり劣化して捨てるはめになるからです。それに、前日の食べ残しは、翌日食べてもおいしくない。無理に食べるのがいやだからです。それなら、最初から食べ残しを作らないほうが、ずっといい。

個々人で考えかたは違うでしょうが、人を呼んだパーティでも、「食べきれないほどのごちそうを出すのがおもてなし」とは考えません。ちょうどみんなが食べきって満足するにはどのくらいの量を作ればいいか、真剣に検討します。（だから、私は「行けたら行く」という返事をする人には、「来るの？　来ないの？　ちゃんと決めて」と迫ってしまいます）。

そして、もし、みなさんがものたりなかったときのために、「追加が必要なときに出す品」を用意しておきます。チーズ、ソーセージ、クラッカー、チョコレート、果物などです。これならけっきょく出番がなくても、翌日か翌々日の家族の食卓に使えます。

食器を下げる　おかあさんのひと言　油ものは重ねない

下げかた

洗濯では、「わけて洗う」がポイントでした。食器も同じことです。お皿のよごれを、べつのお皿に移さない。これに気を配るだけで、食器洗いがとても楽になります。

❶油もののお皿は重ねない

ステーキをのせたお皿、こってりしたドレッシングを使ったお皿などは、重ねないように運びます。重ねると裏によごれが移り、洗う手間が倍になります。それに、裏まできっちり洗える人はいいけれど、どうしても裏側は洗いがたりなくなるものなのです。当然ながら、洗う前に洗いおけにつけてはいけません。

❷ごはん茶わんは水につけておく

ごはん、もち、パンくずなどは乾いてこびりつくと、なかなか取れません。食卓から運んだときに水で湿らせておくと、洗うときに困りません。洗いおけの水につけておくのがいいかと思います。

❸たくさんもたない

両手でごはん茶わんと汁わんとおかずのお皿をごっそり持って、口にはおはしをくわえて、一気に運ぼうとしたら「横着しないで、わけて運びなさい」と言いましょう。お皿を割るかもしれないし、ころんだときに本人の身も危険です。

いつ下げるか

家族それぞれのルールがあっていいと思いますが、「いつ下げるか」ははっきり決めたほうがいいのではないでしょうか。

たとえば、

❶子どもと大人はべつあつかいにする。子どもは自分が食べ終わったら「ごちそうさま」を言って、自分のお皿を下げるようにする

❷子どもは食べ終わったら食卓を離れてもいいが、大人が食べ終わって片づけるときになったら、自分（や家族）のお皿を下げる

❸食事が終わるまで全員が食卓についているようにする。「ごちそうさま」をしたら、自分（や家族）のお皿を下げる、など。

わが家は❶ですが、子どもがもう少し大きくなって大人と同じものを同じペースで食べるようになったら❸にもっていきたいな、と考えています。

それから、下げるタイミングについて。レストランでも、食べ終わったらすぐウェイターがきて「おすみでしょうか」とお皿をもっていってしまったら、せかされているようで不愉快なものです。家族のお皿を下げるときには、その人が「ごちそうさま」をして、ちゃんと食事を終えた様子を見はからうように教えましょう。

食器を洗う　おかあさんのひと言　裏まできれいに洗ってね

洗いかた

私は洗いおけを使いませんが、子どものお手伝いなら一般的な洗いおけを使うやりかたがいいでしょう。わけて下げたお皿を、ざっと2つに分けます。❶よごれの少ないものと、❷べとべとに油でよごれたもの。❶のお皿を洗剤で洗いつつ、洗いおけにはったお湯につけていきます。流水ですすぎをして、水切りかごへ。つぎに❷を洗います。

表は割合によごれが取れやすいけれど、裏やすみは汚れが残りやすいので、「しっかり洗ってね」と教えましょう。

お湯を使うか水を使うか

油っけのないお皿なら、水洗いですっきりきれいになります。でも、油のよごれがついているお皿は、お湯を使ったほうがきれいに落ち、しかも使う水の量も少なくてすむものです。お湯は手が荒れるので、じょうずに使いわけるといいですね。

食器を片づける

おかあさんのひと言

がちゃがちゃ音を立てない

片づけかた

食器を洗ったら、ふきんでふいて食器棚にしまいます。よく、「しっかり乾いてから片づけないと、カビなどの原因になる」と言いますが、私は洗ってすぐふいて片づけることを10年以上つづけてきて、取り立てて食器がよごれたとは感じていません。

食器をふくときは、片手で食器をしっかりもって、ふきんでぐるっとふきます。「ふきかたなんて教えなくても」と思うかもしれませんが、ちょっとしたコツを教えればごしごしていねいにふかなくても、さっと水気をふき取れるようになるのですから。

ふいた食器は同じ種類は重ねておいて、まとめてしまえるようにします。食器棚にしまうときは、両手を使って。奥に入れたいときは、いったん手前の食器を両手を使ってテーブルに出し、奥に入れてから、手前の食器ももどします。この手間を省こうとしたら、「お皿を割るから、やめなさい」と教えてください。

いつ片づけるか

わが家では、水切りかごを使っていません。洗いあがった食器は、水切り台にのせて、その場でふいて片づけてしまいます。そもそも水切りかごをやめた理由は、食器をおきっぱなしにしてしまうから。だらしない、というだけではありません。つぎの食事のときにかごのなかから茶わんを取り出すと、なかで重ねた茶わんがぶつかりあって、欠かす原因になる、と気づいたのです。

水切りかごは便利なものだから使うのはいいけれど、私は、食器をたいせつにするなら、洗って水が切れたらすぐに片づけるのをおすすめします。

食器洗い乾燥機を使っている家庭も、同じです。食洗機は食器棚ではありません。食事のたびに食洗機から食器を取り出す姿を、子どもが見慣れてしまっては困ります。「寝る前には片づける」「翌朝、片づける」など、片づけるタイミングを決めて、子どもといっしょに片づけてはいかがでしょうか。

配膳を手伝ってみると気づくこと

私は、家族と家の中心は、やはり食であろうととらえています。家族は、食事をともにすることで関係が深くなる。家は食事の場が明るく、居心地がよければ、いい家になる。子どもたちが、食の大切さを、食卓と食器をあつかいながら、なんとなく感じ取ってくれるといいと願っています。

子どもの「食育」というときに、私たちは食材や調理について考えます。どんな履歴をもった、どんな食材を、どのように食べるか。もちろん、それもたいせつなことですが、私は「食」というものが、動物である人間にとって、どのような意味をもつことなのか、が子どもに伝わってほしいと思います。

それはどういうことなのか。三大欲のひとつに「食欲」があげられるように、食は、生体を維持していくためになくてはならないものです。さらに、おいしいものを食べると幸せになる。口に入れたごはんがおいしいと思わずほほえみが浮かび、おいしい料理をだれかといっしょに食べるとき、その人との心の垣根が取りはらわれて心がかよい合う。動物としての人間を維持するものであると同時に、人間らしさ＝人間性をも維持する力が「食」にはあるのだと思います。

そして大事なことですが、食べているあいだだけが「食」なのではないのです。「きょうはなにを食べたいかな」と身体と心に問いかけ、家族のことを思い、じっさいに市場に出かけ、「これは、おいしそう」と目と感覚に訴えてくる食材を選び、調理する。調理したものをおいしく食べるために、食卓という場を整え、食器を選んで盛りつける。にぎやかにわらいながらおいしく食べ、食事がすんだら、「ああ、おいしかった」と満足しながら、食べたあとを片づけて、つぎの食事をまた気持ちよく迎えられるようにしておく。これらをひっくるめて、人間にとっての「食」という行為であり、この循環をくり返していくことで充実した食の喜びが得られるのだと思います。

ちょっと話がひろがるようですが、循環をくり返す喜びとは、生きていくことそのものの喜びともつながります。

子どもに対して、こんな理屈を伝える必要はまったくありませんが、親が「食事とは料理を作って食べること」とだけ思っているよりも、少し食の流れ全体の意味を考えることで、きっと子どもにもたいせつななにかが伝わるでしょう。

さて、配膳を手伝うと気がつくであろうこと。

1 きれいに食べると、片づけやすい

食べ残しが散らかっていると洗いにくいし、食べこぼしがあると食卓がなかなかき

れいになりません。ちょっと気をつけてきれいに食べるだけで、ずいぶん違うのです。

2 食べ切るとあとが楽

食べ残しをしまう必要もなく、洗うときにめんどうでもありません。食品を捨てるはめにもなりません。廃棄される食品があまりにもたくさんある日本です。「食べきる」ことを身につけさせたいもの。

3 食卓におもちゃをおきっぱなしにするとじゃま

配膳を手伝うことで、いちいちおもちゃを片づけるめんどうくささに気づいてくれるといいですね。

5章●料理

ごはんはおいしいのがいちばん。そして、おいしさは心と舌が感じるもの

子どもに伝えたい「料理」の本質

いまは食に関する関心が高い時代です。スローフードやLOHASといった食と健康を中心に考えるライフスタイルも、よく知られています。サプリメントなどの補助食品も多種多様あります。安全性をはじめ、さまざまな知識をもって食に取り組んでいる家庭も多いでしょう。

こんなに食について考えている時代は、1970年代の公害の時代以来かもしれません。そして、そのころよりもいまのほうがずっといろいろな食材があって、外食の場も多くなり、総菜やお弁当など「中食」を利用する機会も増えています。食をだいじに考えているつもりで、いつのまにか食の情報に混乱させられていることもあるかもしれません。

こういう時代ですが、私は、食、そして料理のいちばんだいじなことは、「おいしさ」だと確信しています。食事はおいしいのがいちばん。おいしく食べるのが、いちばん。舌においしいものは、きっと身体にも心にもいいのです。

いまの時代に生きていると、感覚的な「おいしさ」を純粋に受けとめることは、かえってむずかしいようです。「○○産の豚肉だからおいしい」「朝採りだから新鮮」「○○

という栄養素が入っているから身体にいい」などと、情報を頭で理解して、身体をその理解にあわせようとしてしまいがち。

また、料理をおいしくすることには熱心でも、食卓をおいしい場にすることはあとまわしになることもあるようです。一人で食べたり、テレビをつけっぱなしで食べたり、家族のだれかが不機嫌な顔でいたりしては、せっかくの料理もおいしくなくなってしまう。

せっかくおいしい「○○シェフのビーフシチュー」を買ってきても、プラスチックのトレーのまま食べたのでは、おいしさも半減です。

「ごはんはおいしいのがいちばん」。子どもにちゃんと伝えませんか。そして、おいしく食べることに、もっともっと熱心に親子で取り組んでもいいと思います。

料理がじょうずになる2つのポイント

むかし、かしこい女性は料理もじょうず、といった本が流行ったことがあります。料理は要するに段取りなのだと思います。全体の流れを把握して、段取りをじょうずにできる人は、料理がじょうず。子どもにも、段取りの仕方を教えましょう。

1 つぎにすることを考えておく

料理全部をする親は全体の流れを考えておく必要がありますが、お手伝いをする子どもなら、そのお手伝いについて「先、先」を考えておくように教えれば充分です。たとえば、卵を割るときは、ボウルを用意しておく。卵とミルクと粉を合わせるときは、ミルクを計っておき、粉も出しておけば、順々に加えていける、などです。

2 手があいたときに片づけをしておく

料理が終わったときには、台所はすっかり片づいているのが理想です。これはちょっと心がけるだけで簡単にできること。たとえばじゃがいものおみそ汁を作るなら、じゃがいもをおだしに入れて、煮えるのを待っているあいだに、「手があいたときに、じゃがいもをむいた包丁とまな板を洗っておいてね」と教えます。

使った道具を、ちょっと時間ができたときに片づける癖をつけてやりましょう。これで、結婚したあと、「あなたにカレーを作ってもらうのはうれしいけど、あと片づけがたいへんなのよ」と奥さんに文句を言われる夫にならずにすみます。

お手伝いのステップ

小学校に入る前くらいまでは、親が準備して、「ここだけやってね」と手伝ってもらうくらいでしょう。たとえば、じゃがいもの皮をむいておいて「四角く切ってね」、卵とボウルを出しておいて「割ってくれる?」、おみそをお玉にすくっておいて「おだしに溶かしてね」(もちろん、鍋は火から下ろしておきます)など。

小学校に入って体格もよくなり、手先も器用になったら、連続する作業をまかせてみてはいかがでしょうか。ソーセージを冷蔵庫から出して炒めてお皿にのせて出す。レタスをむいて水で洗い、サラダにする。

でも、料理は火も包丁も使う、ちょっとあぶない作業です。小学校高学年になるまでは、親が横について見守ったり手助けしたりしたほうがいいですね。

献立をいっしょに考える

おかあさんのひと言

「なんでもいい」は、なし

献立の決めかた

要は、その日に食べたいものを食べるのがいちばんです。でも、多くの主婦が夕方になるとメニューに悩むくらい、献立は決めにくいものでもある。

私は、家庭の献立は変わりばえしないのがなにより、と思っています。変わりばえしないなかで、みんなが好きなメニューが登場したり、おかあさんの得意料理がまたまた出てきたり、春になると出てくる料理が今年もちゃんと登場したり、「手抜きの日のメニュー」に「手抜きだあ」などと言いながら喜んだり……。そんなくりかえしが、家庭の食の豊かさなのではないでしょうか。

子どもといっしょに「きょうの献立」を考えることで、「わが家のメニュー」が子どもの頭になんとなく入るといいですね。

基本的な献立の決めかたには、以下のようなことがあります。

1 旬のものを取り入れる

子どもといっしょにスーパーを歩きながら、「たけのこの季節になったね。木の芽和えを作ってみる？」「きょうは栗ごはんにしようか。栗むきを手伝ってね」などと、旬を教えるのもいいものです。

2 昨日食べなかったものを取り入れる

よく「肉→魚→野菜とまわしていく」という話があります。

「和食と洋食を交互にする」という人もいます。

3 家族の好きなメニューにする

「今日はお父さんが早く帰ってくる日だから、おとうさんの好きな煮魚にしようか」

「明日は○○くんのサッカーの日だから、元気が出るようにトンカツにしようか」などと、家族のことを考えるのも献立のたいせつな要素です。

このようなことを考慮しつつ、「きょうは自分はなにが食べたいだろう」と真剣に考えるのは、たいせつなことです。

「なんでもいい」は「どうでもいい」ということであり、自分の身体を養う「食」をどうでもいいと思うようでは困るのです。

子どもの提案したメニューを食べながら、「今日はカレーで大正解ね」とほめてあげるのもいいことです。

主菜と副菜のあつかい

子どもがじっさいの作業をする必要はありませんが、献立を考えるときに、「献立はおかずだけを考えればいいのではない」と教えたいものです。

理由は、献立は取り合わせだからです。

主菜が肉なら副菜に野菜を入れる、甘いもの、からいものなどを取り合わせる、彩りをよくする、炊き込みごはんの具とおみそ汁の具が重ならないようにする、など、ちょっと言葉にして教えておきましょう。

コラム■「○○メニュー」の愉しさ■

どの家庭にも「手抜きメニュー」があるのではないでしょうか。わが家の場合は、親子どんぶり。家族の好物だけど、作るのはとっても簡単。私の子どものころは、父の給料日前の「金欠メニュー」は、もやしとひき肉で作る母流の中華飯でした。

手抜きでも金欠でも、心のこもった料理をできたてで、みんなで食べれば、すごくおいしい。「わっ、今日はもやしごはんだ」と言いながらも、それが心愉しいのです。かえってメニューのめりはりになって、素敵なことだと思います。

あえて「○○メニュー」と名づけることで、献立はとても豊かになります。子どもの名前をつけた「○○子カレー」などでもいいですね。

お使いに行く

おかあさんのひと言

お釣りはちゃんとわたしてね

お使いへの送り出しかた

ごく近く（車の危険がなく、１００ｍくらいの距離のところ）なら、小学校入学前でもお使いに行けます。コンビニにお使いに出しても、大丈夫でしょう。頼むものは、せいぜい1つか2つ。子どもの性格によって、覚えさせるか、メモを作ってお店の人に見せるように言うか、どちらかにします。金額は500円以下くらいが妥当ではないでしょうか。

小学生になれば、自転車で近所の商店街に買い物に行けます。私は、小学生でも1000円以下のお使いにとどめたほうがよいと思います。品数も、せいぜい3つまででしょうか。

いずれの場合も、「夕食の買い物」など大きなものを頼むよりも、うっかり切らしてしまったものなど、小さなものを頼むほうがよさそうです。完全にまかせてしまうのではなく、「お手伝い」にしておきましょう。

「しょうゆが切れちゃった。買ってきてくれる?」などと親に頼まれて、ぱっと買いに行き、「ありがとう。ああ、助かった」と喜ぶ顔を見るのが子どもにとってはうれしいものですから。

お金のあつかい

お金についての教育は、家庭によって違うものです。お小遣いひとつとっても、あげかたも金額も違うもの。ですから一概には言えませんが、私は「お金」という、この社会を生きていくうえで使いかたをきちんと理解しておいたほうがいい道具については、「小さなうちから」「具体的な日常生活で」経験させたほうがよい、と考えています。お買い物のお手伝いは、格好の場ではないでしょうか。

株の買いかたなど知らなくてもかまわないけれど、日常を支える食材などについて、だいたいの金銭感覚をもっていることは、とてもたいせつです。大根1本がだいたいいくらなのか。漫画雑誌とお豆腐では、どちらがお金がかかるのか。自然に覚えていくはずです。

そしてたいせつなこと。預かったお金は、きちんと返すこと。帰ってきたらすぐに、「お釣りはこれだけだった」と親に見せて返すようにしましょう。

野菜を切る・卵を割る

おかあさんのひと言

何度もやるとじょうずになるわよ

準備

台所に立つときは、そでや前がよごれます。まずは長そでならまくること。あとはエプロンをすることを伝えましょう。

もうひとつ、子どもの背では調理台が使いにくいので、踏み台があるといいですね。

丈夫な箱でもいいのです。
以下、調理に関してはこの準備が共通です。

切りかた・割りかた

包丁は押さえつけるのではなく、引いて切る。卵はなにかの角に軽くこつんとぶつけて、ひびが入ったらそこを開いて割る。どちらも、力を入れればいいというものではなくて、力加減とあつかいです。

加減の問題なので、最初は失敗しても何度もやるうちにじょうずになるもの。子どもが「うまくできなかった」としおれても、「最初なのに、じょうずじゃない。もっとやると、

もっとじょうずになるよ」「この部分はきれいに切れたね」などとほめてあげましょう。

まな板のあつかい

木のまな板は、乾いたまま野菜を切ると、汁がしみこんでよごれや黒カビの原因になります。「まな板はぬらしてから使うのよ」と教えましょう。また、切ったあとの包丁やまな板を放置しておくと、乾いてよごれが取れなくなります。「使ったら洗って片づけてね」と伝えましょう。

だしをとる
おかあさんのひと言
だしはタイミングだよ

だしの引きかた

おいしくだしが引ける人は、ぞうきんがかたくしぼれる人と同じように、かっこいい。だしがおいしく引ける人は料理もきっとじょうず、ぞうきんがかたくしぼれる人はそうじもきっとじょうず。そんな気がします。

だしは料理の基本。しっかり教えましょう。むずかしく考えるとむずかしいものですが、ポイントはこれだけです。

1 昆布と煮干しははじめから、かつお節はぐらぐらに

昆布と煮干しは煮立たせるとくさみが出ます。水に入れて火にかけ、じっくり味を出します。

かつお節は、ぐらぐらのお湯に入れて一気に味を引き出します。

2 もう気持ちだけたっぷりと

かつお節は私たちの感覚でたっぷり入れても、入れすぎにはならないようです。あとひとつかみたっぷりと入れるくらいにします。

3 だしが出たらすぐ漉《こ》して

いつまでもかつお節を浸しておくと味がもどってしまいます。

かつお節を入れてひと煮立ちさせ、火を止めてかつお節が沈みだしたらすぐに漉します。

4 残っただしのモトは

質のよい昆布や煮干しを使うなら、だしをとったあとに食べてしまいましょう。私は、引き上げただし昆布になにも味をつけずに、そのままかじるのが好きです。自分も食べながら子どもに、「食べてみる?」ときいてみてはいかがでしょうか。

火に気をつけて

おかあさんのひと言

ソーセージをいためる

いためかた

「子どもに火を使わせない」という方針もありえますが、私は火のあつかい、熱くなった道具のあつかいは、小学生になったら子どもに教えておいてもよいことだととらえています。両親の留守におなかがすいて、勝手にソーセージをいためようとして事故を起こさないためにも、危険性を経験させておいたほうが安心かと思います。

子どものうちは、火をつけるまえにソーセージを入れて、それから火をつけるようにしてもいいかと思います。でも、親がやるときに「まず火をつけて、油を引いて、じゅうぶん熱くなったらはねないようにソーセージを入れるのよ」とやってみせておきましょう。

フライパンのあつかい

いためるときは、「柄をもつと安定するよ」と伝えます。また、身体がフライパンに近づきすぎると、火がつく可能性もあることを、きちんと教えておきましょう。

味見をする　おかぁさんのひと言

最初のひと口がいちばん味がわかるもの

味見の仕方

めんどうくさいと、ついお玉や菜ばしのまま味見をしてしまいますが、子どものお手伝いではきちんとしたやりかたをさせましょう。小皿に少量取って、汁物ならそのまま、形のあるものはフォークやおはしで口に入れます。

味つけについて

たとえばおみそ汁のみそを溶くお手伝いのときに、こんなことを教えてはいかがでしょうか。

「味は最初のひと口がいちばんわかるのよ。だから、おみそも最初からちょうどいい味になるように入れてね。何度も味見しながら味を調えようとしても、わからなくなっちゃうものだからね。1回目の味見で『味が薄いな』と思ったら、2回目でうまくいくようにしようよ」。

ついでに、味つけは、濃くなりすぎたら水で薄めてもおいしくないので、やや薄めからととのえるとおいしく仕上がることも伝えましょう。

ごはんを炊く

おかぁさんのひと言

最初の水はすぐ捨てる

米のとぎかた

要するに水で米を洗って、にごりがなくなったら水加減をすればいいわけですが、いくつかのポイントがあることを教えます。

1 最初の水と2回目の水は、ざっとといですぐ捨てる

乾いた米は水を吸うので、糠《ぬか》くさい水を吸ってしまいます。

2 手の腹を使って手首でとぐ

指先でかきまぜるのではありません。ぐっぐっと手の腹を使ってとぎます。

3 力は入れすぎず弱すぎず

力を入れすぎると米が割れてしまいます。でも、力を入れないと、とげません。適度な力を入れることで、米の表面に細かなヒビが入って、水をよく吸い、ふっくらしたごはんが炊けるのです。

4 水がにごらなくなったら水加減

私は、目安として4回ほど水を替えています。

● 米のとぎかた ●

1

軽くシャッシャととぐ

2

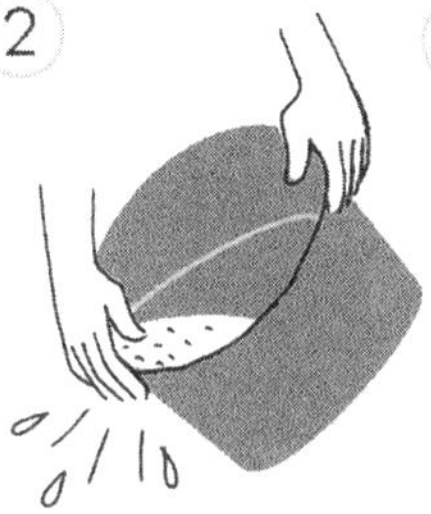

白くにごった水をすてる。
4〜5回くり返す

3

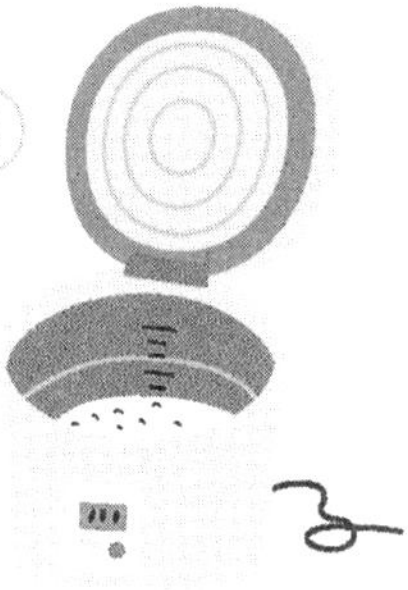

水を入れ
30分ぐらい
ひたして
スイッチON!

● おにぎりの作りかた ●

1

子ども茶碗
軽く1杯の
ごはんに
好きな具を
入れる

2

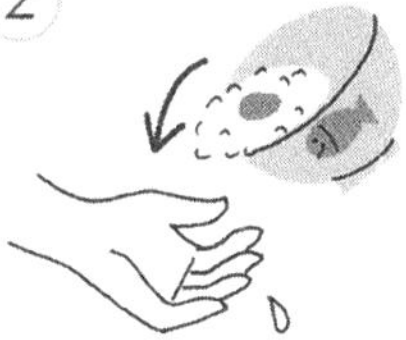

両手をぬらして
塩を手のひらに
つけ、ごはんを
のせる

3

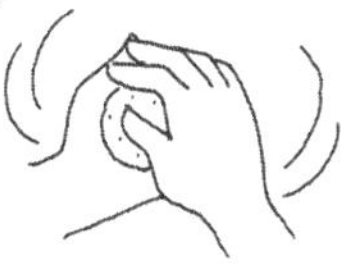

回転させながら
軽くにぎり
最後にギュッと
にぎる

米のあつかい

私は、子どものころに母に言われた「米粒1つには7人の神様がいる。だから一粒でも残しちゃだめよ」という言葉が、ずっと耳に残っています。米をとぐときも、米粒を流さないように、そっと水を捨てるように教わりました。

「食べ物はたいせつに」「もったいないから残さない」と一般論で言うよりも、お手伝いをさせながら教えるこんな一言のほうが、ずっと子どもの心に届く気がします。

おにぎりを握る
おかあさんのひと言
外はしっかり、なかはふんわり

握りかた

よく、握りやすいようにラップを使う方法が紹介されますが、私はおにぎりは手で握るからこそおいしいのだ、と信じています。その場で食べるのだったら、衛生面でも問題ありません。ぜひ、子どもの素手でやらせてみましょう。

私は自分もおにぎりが大好きです。

長年、握ってきて、ポイントは以下の2つかな、と思っています。

❶最初の塩加減はしっかりと

手にしっかりと塩をつけて握ると、塩味のきいたおいしいおにぎりになります。「薄味で」などと思うと、へなへなな味に。コンビニおにぎりではないのだから、表面の塩味とごはんの味がまざるおいしさを。

❷外はしっかり中はふんわり

ぼたもちのように中までぎっちり握ったおにぎりは、おいしくありません。子どもにとって加減はむずかしいでしょうが、全体に軽く握って、最後にきゅっと締めるようにすると、いい感じに仕上がります。

手塩のあつかい

「手塩にかける」という言葉は、漬物をつけるときの作業からきたと言いますが、おにぎりを握るときにも「手塩をつける」という言いかたをします。手に塩をつけて「おいしくなれ」と願いながらごはんを握ったり、野菜をこすったりするのは、料理の真髄のように思います。

料理を手伝ってみると気づくこと

少しでも料理の過程に関わることで、子どもは「おいしく作ろう」「おいしい料理で家族に喜んでもらおう」と願いながら料理をするものだ、と気づくはずです。

おいしかったら「おいしい」と言われるとうれしい。「おいしい」という言葉は、料理を作った人にとっていちばんうれしい言葉です。子どもが料理を作ったときに、親が「すごくおいしい」と本心からほめたら、きっと人が作ってくれたときに「おいしい」と自然に言えるようになるのではないでしょうか。

6章●交換

つぎの人が困らないように使える状態にしておく心がけ

子どもに伝えたい「交換」の本質

暮らしのなかには、なくなったら補充したり、よごれたら替えたりしなければならないものがたくさんあります。それどころか、つねに交換の作業をくり返しているのが暮らしなのかもしれません。

つまり、暮らしとは「まわすこと」なのです。これをかっこよく「循環」と言ってもいいけれど、私は「まわす」という印象です。お給料をもらってじょうずに配分しながらお金を使い、また1か月たってお給料をもらうのも、お金をまわすこと。食品を買って料理を作り、冷蔵庫に保管したりして、また必要なものを買って料理をするのも、食材をまわすこと。

自分の暮らしの全体を、自分で管理しながらまわしていけるようになると、暮らしはほんとうに自分のものになり、人生はすばらしく生き生きとしたものになるでしょう。とはいえ、それは一人前の大人になってからのこと。子どものうちは、親がやっている一部分を手伝うことで、なんとなく「まわす」とはこういうことだ、と理解できればいいでしょう。

では、「まわすこと」とはどういうことでしょうか。

トイレットペーパーが切れたら補充するにせよ、よごれたタオルを洗ったものに替えるにせよ、使える状態を維持することだと思います。切れたら切れっぱなしではなく、きたないものを我慢して使うのでもなく、気持ちよく使えるようにしておくこと。まわすことは、だから「自分はこの暮らしで、なにをどのくらい、どうやって使っているだろう」という自覚が重要で、かなり高度な作業だといえます。だからこそ、うまくまわると充実感があるのだと思います。

子どもに伝えるときは、むずかしく言う必要はありません。「つぎに使う人が困るでしょう」「これじゃあ、使いにくいでしょう」などと、「使える状態にしておいてね」という意図がわかればいいのです。

交換がじょうずになる3つのポイント

ちゃんと「替えどき」に気づくことができれば、じょうずにまわしていくことができます。

1 切らした人が替える

切れたら替えどきにきまっていますが、自分が使い終わったあとならそのままほうってておきがちです。「切らした人が替える」を家庭のルールにしてしまいましょう。そのルールは、たとえ5歳の子どもであっても守るべきなのです。

2 気づいたら替える

「タオルがよごれているなあ」「歯みがき粉が力いっぱいしぼっても、ほとんど出ないなあ」と気づいたら、気づいた本人が替えることにしましょう。これも家庭のルールです。

3 ストックの場所を家族みんなが知っているようにする

1、2を実行させるためには、どこにストックがしまってあるかについて知っていることもだいじ。おかあさんが一人でかかえこまないで、子どもに教えておきましょう。もちろん、子どもの手では届かない高い位置にあるなら、「おかあさん、歯みがき粉がきれちゃったよ」などと教えるだけでもいいのです。

お手伝いのステップ

交換はなかなか高度な作業です。小学生になったくらいの年齢でも、新しいものを補充しておくのがむずかしい子もいるかもしれません。

小学生になるころには、「切れたのに気づいたら、親に教える」「親が指示すれば、新しいストックを持ってこれる」くらいを目処にすればいいでしょう。小学校中学年には、自分で交換できるようにしたいもの。「おかあさん、しょうゆがない」と言ったときに、「じゃあ、たしておいてくれる?」などと頼みます。

トイレットペーパーを補充する

おかあさんのひと言

つぎの人のことを考えて

準備

おそらく多くの家庭ではそうだと思いますが、トイレットペーパーのストックはトイレのなかにあるほうが格段に便利です。切れたのに気づいたそのとき、すぐに手に取れる場所にストックしておきましょう。

替えかた

わざわざ説明するまでもありませんね。つぎの人のために、のりづけしてある最初の部分をはがしておきましょう。それから、替えたあとの芯をほったらかしにしないで、ちゃんとゴミ箱に捨てるように言いましょう。

トイレットペーパーのあつかい

引き出した部分を三角に折っておくやりかたもありますが、私は、家庭でそこまでする必要はないと思います。それよりも、切り口をきたなく破りとってあったり、10センチ以上もべろーんと垂れたままにしてあるほうが、いやなもの。ちょっとしたことですが、教えておきたいことです。

タオルを交換する
おかぁさんのひと言
よごれたら替えておいてね

替えかた

タオルやシーツの交換は、たとえば「日曜日におかあさんがやる」といった習慣の家庭も多いでしょう。基本の交換は親がやっているにしても、子どもも臨機応変によごれたら替えられるようにしたいものです。

だから、子どもが使ったあとによごれていたり、ぐっしょりぬれていたりするのに気づいたら、「こんなによごしたのなら（ぬらしたのなら）、新しいタオルに替えておきなさい」と教えましょう。

いままでかけてあったのと同じ形に折ってかけること、はずしたタオルは洗濯かごに入れることも、あわせて伝えておきます。

タオルのあつかい

きたないタオルがかかっていると、とてもだらしない感じがします。ちょっとした食べ物や土のよごれがついていても、タオルそのものが不潔に感じるのがふしぎです。

子どもの手はたくさん遊んでいつもよごれています。自分が手をふいたあとにタオルをよごしてしまったら、清潔なタオルにかけかえる子になってほしいですね。

せっけんを新しくする

おかあさんのひと言
使いきったら新しいのを出しておいてね

替えかた

新しいせっけんを出すときには、ソープディッシュに水が残っていないか、ぬるぬるになっていないか点検して、必要なら洗うように教えます。はがした包装紙や箱は、当然ですが、ゴミ箱へ。

シャンプーを新しくするときには、口についているシールをはがしたり、フィルムをはがしたりしてからおいておくように言いましょう。これは、マヨネーズやドレッシングでも同じことです。

せっけんのあつかい

せっけんは、完全に使いきるのがめんどうなものです。私は、うんと小さくなって使いにくくなったら、お風呂のタオルにこすりつけて全部使いきってしまいます。つまり、うんと小さいせっけんはお風呂場行きということです。

ほかには、小さいせっけんばかりをまとめてかためてしまうという人もいるようです。どういうやり方にせよ、各家庭で、そういう行き先を作っておくとわかりやすいでしょう。

電池を交換する

おかあさんのひと言

古い電池はちゃんと捨てて

準備

意外に「電池置き場」が決まっていない家庭は多いのではないでしょうか。子どもが「電池、どこ?」と探すことがないように、専用の電池置き場を作っておきましょう。電球についても同じです。

替えかた

電池にはプラスとマイナスがあることを教えます。小学校の低学年では、まだ理科を習いませんが、「電気には流れがあるのだ」くらいは教えてもいいかもしれません。

プラスとマイナスの向きを合わせてきちんと納める。それだけの作業ですが、時計やリモコンがまた使えるようになるのはうれしいものです。

使いきった電池のあつかい

電池（や電球）のあつかいでいちばんやっかいなのが、捨てかたではないでしょうか。自治体にもよりますが、多くの地域では電池はまとめて捨てるはずです。家庭に「電池用ゴミ箱」を用意するか、「不燃ゴミ入れ」に入れればいいのか（あとでまとめて分けるのか）、子どもに教えておきます。交換だけして、古い電池をそのへんにおきっぱなしにすると、新しいものと区別がつかなくなって困ります。

交換を手伝ってみると気づくこと

うまくまわすのは、めんどうくさいけれども充実感もあること。その感覚が子ども自身のものになるように、と思います。

❶最後に使った人が交換しておくだけでみんなが困らない

「自分がよければあとのことは知らない」ではなく、「自分が使い切ったならあとの人のために」と考えられるといいですね。

2 買い物のときに気にしておくとストックが切れない

「最近、歯みがき粉を交換したな」「昨日、ドレッシングのストックを出したな」という覚えがあれば、買い物のときに「新しく買っておかなきゃ」と思い出すことができます。

7章●手入れ

ものを大切に使うために手入れをし、使い切っていく

子どもに伝えたい「手入れ」の本質

6章で「暮らしとはまわすこと」と表現しました。もう少しふみこんで言えば、ただ同じものや同じ状態をぐるぐるとまわしていくだけでなくて、「手入れ」をしつつまわすのが暮らしなのだと思います。

「手入れ」とは、ものをよい状態に保つために手をかけること。自分が使っている暮らしの道具を、気持ちよく使うために、そして長く使いこなしていくために、つくろったり、干したり、みがいたりすることです。

もちろん、手がかかるわけだから「めんどうくさい」と感じてもおかしくはありません。でも、手がかかるめんどうくささと手をかける充実感とは、紙一重。たとえば、たいせつにしている自転車をみがいて、油を差し、すいすいと気持ちよく走るようになると、だれでもうれしいものではないでしょうか。その喜びこそが、生きることの喜びなのだと思います。

戦後、私たちの暮らしは、合理化・効率化・メンテナンスフリーをよしとして発展してきました。人間の労力を使う代わりに電化製品や化学薬品が力を発揮してくれて、暮らしはとても楽になりました。でも、暮らしに手がかからなくなった現在、私たちは生き生きとした実感を失ってしまったようにも見えます。

実感が薄れたために、なんのために働くのか、なんのために食べるのか、なんのための健康か、なんのために生きるのか、そんな根源的な疑問を抱かざるをえなくなっています。生きることに手がかからなくなりすぎると、どうやら私たちは、自分をもてあましてしまうのです。

「手入れ」をはぶくのはいいことでも賢いことでもないのでは。子どものうちから、手入れの充実感を教えてやりましょう。親がやれば簡単にすむことでも、新しく買ってしまえば手がかからないことでも、子どもが自ら手を入れて「きれいになった、気持ちいい」「すいすい動くようになった、うれしい」などと感じてくれるように、お手伝いの機会を作りましょう。

親として、子どもに「ものをたいせつに」と諭します。ものをたいせつにするとは、ただしまいこんでおくことではないし、捨てないことでもありません。手入れをし使いこなして、使いきったときに「ありがとう」と感謝して捨て、また新しい道具をたいせつに使っていく。そのようなものとのおつきあいの本質も、「手入れ」のお手伝いからわかってくるでしょう。

手入れがじょうずになる2つのポイント

手入れは、ささっと簡単にすませようとするとうまくできません。必ずしも時間をかけなくてもいいけれど、ちゃんとやろうとする姿勢と、それなりの道具を用意するように言いましょう。

1 ちゃんとやろうとする

外出の間際に大急ぎで靴のよごれを取ったり、うっかり破ってしまった障子をお父さんが気づく前にあわててわからないようにしたり……そそくさとその場しのぎで手入れをしようとしても、ちゃんとした状態にはなりません。あとからやり直すはめになることも多いし、やり直そうとするとかえってややこしくなっていることも。

2 それなりの道具を用意する

はさみが見あたらないからといって手でちぎるとか、靴をみがく布が古いのにそのままで使うとか、不精をしないようにします。よい仕事をするにはよい道具が必要なのです。

お手伝いのステップ

子どもが家族の靴をみがく童謡があるように、靴みがきをはじめ道具の手入れは、子どものお手伝いにふさわしい作業です（いまだに、私は靴をみがくときに、「きゅっきゅっきゅっきゅっと」と心で歌ってしまいます）。

5、6歳になれば「かさを干してね」「（自転車の空気入れの）先を押さえていてね」などの手伝いができるでしょう。小学生になったら、親が見守りつつ、いろいろな手入れをやってみさせてはいかがでしょうか。

靴をみがく

おかあさんのひと言　きゅっきゅって磨くとつやつやになるよ

みがきかた

靴はみがけば光る。私は、子どものころ靴みがきをしながら、素朴に感心していました。革ほど手入れのしがいがあるものは、ほかにないのかもしれません。

1 よごれをとる

軽いよごれや泥なら布やブラシだけで、強いよごれならよごれ落とし用のクリーム

（クリーナー）を使って。

2 靴クリームを全体にすりこむ

気をつけるのは、使いすぎないこと。たっぷり塗りこんでしまうと、革がごわごわします。

また、基本は無色のクリームをおすすめします。そのほうが、もとの風合いがいつまでもたもてます。すれて色がはげたときには、色つきクリームを。

3 最後に乾ぶき

きれいな布か古ストッキングできゅっきゅっと乾ぶきすると、靴はつやつやに。

4 しばらくかげ干し

クリームの湿気が抜けるまで（数時間）は、風の通るところでかげ干しに。すぐに、げた箱には入れません。

靴クリームのあつかい

子どもの力では、クリームのふたをきゅっとしめられないかもしれません。でも、靴クリームは乾きやすくてすぐガビガビになってしまう。ちょっと注意したいですね。

また、靴クリームのにおいは化学薬品が揮発するにおいです。せまくて空気のこもる玄関で作業するのは、身体のためによくないこと。ドアをあける、風とおしのいい場所に移動する、などさせるようにして。

ぬれたかさや靴を干す

おかあさんのひと言

ぬれたらすぐに乾かさないとくさくなるよ

干しかた

湿ったものを干すときの基本は、かげ干しです。洗濯物の項でもふれましたが、強い直射日光は色あせや黄ばみの原因になるし、革や紙だと型崩れもします。

雨でぬれた場合、ガレージなどの場所があれば帰ってきたらすぐに干す。とくに場所がないなら雨がやんで空気が乾いた翌日に玄関付近で干すようにします。

ぬれた靴は、家に帰ったらすぐ新聞紙をまるめて入れます。30分から1時間おいて水を吸った新聞紙を取り出して、玄関に立てかけておきます。下に新聞紙を敷いておくと、より吸水がいい。ぬれた傘は、開いてかげ干しに。

新聞紙のあつかい

新聞紙は、ほんとうに便利なものです。まるめてガラスをふけばよごれが落ちやすいし、ぬらしたあとでちぎって床にまき、ほうきで掃きよせれば床掃除になる。薬品をスプレーしたり塗料を塗ったりする作業のときに床を養生するのにも最適。ぬれた靴のなかに入れれば、しっかり水を吸い取ってくれます。

お手伝いで、新聞置きからもってこさせるときには、新しい日付のものではないかどうか気にするように伝えましょう（戦前は「ご真影［天皇陛下の顔］」が載っていないか注意するものだったとか）。また、一枚ぬき取ったあとの新聞は、ちゃんとたたんでもとのように重ねておくように注意します。

やぶれた障子をつくろう

おかあさんのひと言　やぶれっぱなしだとみっともないでしょう

つくろいかた

やぶれた大きさによって、どちらかにします。

1 小さな穴

予備の障子紙を切って貼りつけます。でんぷんのりを水で溶いて、どろどろとさらさらのあいだくらいまでのばし、桜の花びらの形に切った障子紙などを浸して穴をふさぐように貼りつけます。室内側から貼ると、見栄えがよいですね。

2 大きなやぶれ

そのます目をまるごと貼り替えます。裏側から桟の上に定規をあて、よく切れるカッターで切りぬきます。障子紙を桟のサイズに切って、桟にのりをつけペタッと貼りつけます。

障子紙のあつかい

障子は昔から家庭で貼り替えるものでした。水で湿らせて古い紙をはぎとり、桟をきれいにして乾かしてから、新しい紙を貼る。なんども貼りかえるわけですから、しっかりくっついてしまう化学のりは使いません。よごれを残さないでんぷんのりを使います。

障子をつくろい終わったら、霧吹きで水を吹いておきましょう。霧吹きは子どもが大好きな作業です。「こんなによれよれだったのに、乾くとピンとするんだ」と発見するのも楽しいことです。

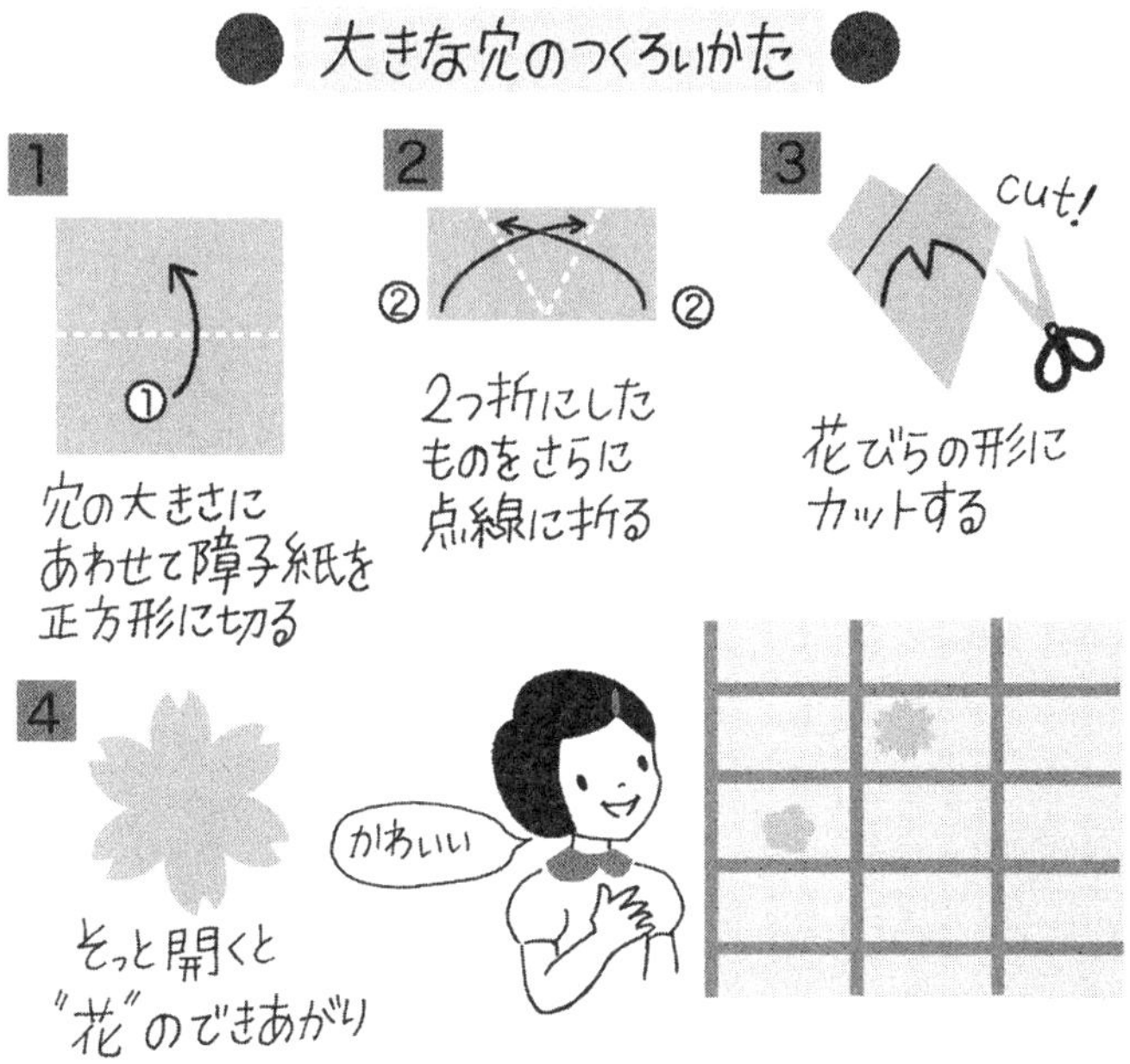
大きな穴のつくろいかた
1
①
穴の大きさに
あわせて障子紙を
正方形に切る
2
②
②
2つ折にした
ものをさらに
点線に折る
3
cut!
花びらの形に
カットする
4
そっと開くと
"花"のできあがり
かわいい

自転車のタイヤに空気を入れる

おかあさんのひと言

たまには空気が入っているかチェックしなさい

入れかた

自転車を安定したところにきちんと立ててから空気を入れます。最初のうちは、親がまずタイヤを押してみて「このくらいの硬さがちょうどいいよ」と教えます。つまり、入れすぎもよくないということです。

自転車のあつかい

空気を入れるだけでなく、おとうさんといっしょに油を差したり、みがいたりする作業もやってみましょう。手入れをして、道具が生きかえることがわかるといいですね。また、しばらく乗らないでいるとギシギシしたりします。「道具は、使わないでいると、かえっていたむものなんだよ」と教えます。

道具の始末

手入れだけ手伝って、道具のあと片づけは親の役目になっていませんか。空気入れを納戸に戻す、よごれた布を捨てるなど最後まできちんと子どもの手でやりとげさせてください。

自転車の手入れ
ブレーキやベルは
乗る前に
いつも点検
BOY
布で反射板や
ホイールについた
よごれをふく
TAMA
サドルは
両足のつま先が
つく高さに
タイヤに
空気を入れる

ふとんを干す おかあさんのひと言 取りこむときにははたいてね

干しかた

綿のふとんは日光にあてて しっかり干します。羽毛や羊毛、化繊のふとんは軽く風をとおすだけでいいのです。

いずれも、風にあたるようにひろげて干します。干す場所が砂ぼこりなどでよごれていたら、先にぞうきんでふくように言いましょう。

取りこむときには、表面のよごれを軽くはたいて。バンバンと強くたたくと中綿がちぎれてしまいます。

時間帯

洗濯物と同じですが、どんな地域でも午後3時ごろには空気が湿ってきます。朝から干して、昼には取りこむくらいがちょうどよいようです。

また、ふとんを干す時間は、長時間でなくてもいいのです。1、2時間も干せば、湿気はぬけます。あまり干しすぎると、ぱさぱさしたふとんになってしまいます。

鍋をみがく　おかあさんのひと言

鍋をみがくと元気が出るでしょ

みがきかた

鍋の種類にもよりますが、ステンレス鍋なら鍋磨き用の洗剤（研磨剤）を使います。かたい素材のスポンジに洗剤をつけて、ごしごしごしごし。油よごれがついたまま長期間ほうっておいたものは子どもの手に負えないので、こすればよごれが取れる程度のものをみがいてもらいましょう。

手のひふを荒らすので、ビニール手袋をすることを忘れずに。

光りものの扱い

聞くところによると、ドイツの主婦にとって鍋みがき、ドアの取っ手みがきは、主婦の腕を見せるたいせつな家事だとか。光っているべきところが光っていないのは、大問題なのだそうです。

それはそれとして、家のなかで光る素材がきちんと光っていると、家全体に清潔感が生まれます。水道の蛇口、ステンレスの流し台、やかん、鍋、ドアの取っ手。家庭によっては家電製品もステンレス製かもしれません。鍋みがきを手伝ってくれている子どもに、そんな話をしてはいかがでしょうか。

手入れを手伝ってみると気づくこと

手入れをするのは、物をたいせつにすること。手を動かしてみれば、きっと実感してくれるでしょう。

1 手入れをすると愛着がでる

昔から「手のかかる子ほどかわいい」などと言いますが、手をかけると愛着が出るものです。子どもがたいせつにしている自転車、おもちゃ、靴などを、子ども自身の手で手入れさせるのは素敵なことです。

2 よごれたままほうっておくといたんでしまう

日常、使っていれば、子どもでも「よごれたな」「空気がぬけたな」などと気づくはずです。でも、めんどうくさいからそのままにしてしまう。それで、どうしようもなくなって仕方なくメンテナンスするときには、よごれがとりきれなくなっていたり、素材がいたんでいたりするわけです。手入れしないとものはだめになるんだ、ということですね。

8章●運ぶ

お茶やおすそ分けを運ぶ。人と接するうれしさを感じる

子どもに伝えたい「運ぶ」の本質

昔から、「運ぶ」のは子どもの役目だったのではないでしょうか。なにかを作ったり手入れしたりはややむずかしいけれど、「運ぶ」のなら、かんたん。

たとえば、ご近所へのおつかいは子どもの役目でした。私自身も、よく「おとなりにこれをもっていって」などと使われていました。それこそ、「子どものおつかいじゃないんだから……」という言いまわしがあるくらい、ふつうのことだったのだと思います。

また、子どもは、回覧板やおすそ分けを届けるときに「こう言うのよ」と親から教わり、大人の言葉づかいを学んでいくものだったのではないでしょうか。同時に、そうやって近所に顔を見せることで、地域全体で子どもを見守るような空気ができていくものだったのでは。

外に向かって運ぶだけでなく、家のなかで「運ぶ」のも、子どものたいせつな役目でした。「お客さまにこれをお出しして」なんてお茶菓子をわたされたりして。私の頭のなかには「子どもに、お客さまへのお茶を出させるのは、しつけのよい家」というイメージがすりこまれています。かつてうかがったお宅で高校生らしき息子さんがお茶を出してくれたとき、「まあ、なんてきちんとしたお宅」と思わず感心してしまったくらいです。

私のイメージのよってきたるところは、きっと漫画「サザエさん」や向田邦子さんのエッセイなのです。子どもが、一人前の「家人」として外の人に接している姿が、そこには描かれています。そしてそれは、とても感じがよいのです。

子どもは「運ぶ」お手伝いによって、家のなかの人間関係（家族）から一歩ふみ出し、外の人間関係の作りかたを学ぶのだと思います。

運ぶのがじょうずになるポイント

じょうずになるというよりも、親が子どもにじょうずにさせるためのポイントとして、「口上」があります。私は、小学生になったかならないかの子どもでも、大人びた口上が言えるのは素敵なことだと思います。家庭できちんと育てられている姿が見えるようではありませんか。

子どもにきちんと「口上」を言わせる

人にものをわたすときには、定型の口上があります。子どもにものを運ばせるときには、「『○○』って言うのよ」と口上をきちんと教えましょう。いったん復唱させると、ちゃんと覚えられます。

口上は、覚えるのはめんどうではありますが、覚えてしまうといちいち考えなくてもすむので、かえって便利です。それに、口上がうまく言えると、子ども心に「大人っぽいな」「一人前みたい」という感覚を得られるもの。そして言いなれることで、定型からふみ出して幅ひろく人とのコミュニケーションがじょうずになってくれるはずです。具体的には、各項目に書いておきます。

お手伝いのステップ

おとなりやお向かいに届けものに行くのは、幼稚園生でもじゅうぶんできることです。小学生になったら、きちんとした口上が言えるように教えたいものです。

回覧板を回す

おかあさんのひと言

回覧板です、って言うのよ

まわしかた

地域によって、直接わたす場合と、郵便受けなどに入れておく場合があります。

直接、わたす場合は、「回覧板です」と口上を言ってわたします。郵便受けに入れる場合で雨のときには、ビニール袋に入れるようにします。

回覧板のあつかい

回覧板は届いたらすぐに中を見て、つぎにまわすことを教えます。そのときに、自治会や町会の役割や回覧板の役割を教えておくといいのではないでしょうか。

おすそ分けを届ける

おかあさんのひと言

おすそ分けです、って言うのよ

届けかた

実家から送ってきた果物のおすそ分け、旅行のときのおみやげなどを近所に届けるときは、ぜひ子どもをおつかいにやりましょう。

おすそ分けなら、「おばあちゃんの家から送ってきたりんごです。みなさんでどうぞ、っておかあさんが言っていました」「(家庭菜園の)畑でたくさんホウレンソウができたのでおすそ分けです、っておとうさんが言っていました」などと、具体的な口上を子どもに教えます。

旅行のおみやげを届けるならば、「るすのあいだ、ありがとうございました。箱根の名物だそうです」「さくらんぼ狩りに行ってきました。少しですがどうぞ、っておとうさんが言っていました」などでしょうか。

口上について

おすそ分けや届け物のときに便利な口上は、「みなさんで召し上がってください」「少しですが、おすそ分けに」「お味見ていどですが」「いつもお世話になっているので、お礼に」など。

受け取るときの定型は、「お気遣いいただいて、ありがとうございます」「ありがたくいただきます」「さっそくちょうだいします」など。

お客さまにお茶を出す

おかあさんのひと言

いらっしゃいませ、と言うのよ

出しかた

私たちの日常でお茶を出すようなお客さまは、親の友だちや習いごとの仲間くらいでしょう。床の間があるような座敷で、気の張るお客さまに出すわけではないので、細かい礼儀作法はおいておきましょう。

ともかくちゃんとできればいいのは、以下のことです。

1 あいさつをする

ドアをあけるなどしてお客さまと顔をあわせたら、まずは「こんにちは」とあいさつをさせます。

2 おぼんからお茶をテーブルに移す

おぼんを両手でもってテーブルまで行き、おぼんをテーブルの上（座卓なら畳の上）におく。それから、両手で茶托（ソーサー・菓子皿）をもって、お客さまの前に正面を向くようにしておく。

お茶とお菓子なら、ほんらいの順番はお菓子が先なので、子どもであっても一応、教えておきましょう。まちがえたっていいのです。

3 すすめる

「どうぞ」と言う。

お茶の出しかた

4 おぼんをもって下がる

おぼんを持ってもどるのを忘れずに。

口上について

お客さまが持ってきてくれたケーキや果物を出すときは、「おもたせですが、と言うのよ」と教えましょう。4人お客さまがいて、そのうちの1人がもってきてくれた物を出すときは「おもたせ」ではなく、「○○さんからちょうだいしたものです」とみなさんに伝えます。

お辞儀について

子どもがていねいに頭を下げる姿は、とても感じがよいものです。「大人になってからできればいいじゃないか」と思うかもしれませんが、子どものうちにお辞儀が身についていると、自然にお辞儀ができる大人になれるのです。

気のはらないお客さまにでも、ちゃんとお辞儀をさせましょう。とくに和室でのあいさつがきれいにできると、将来、必ず役に立つことがあるはずです。恥ずかしがっても、親が言って「形」を取らせます。形さえ身につけば、こっちのものです。

新聞や郵便を取る

おかぁさんのひと言

手から手にわたすのよ

取りかた

ここまでのお手伝いとはちょっと違いますが、あわせて家族に運ぶお手伝いにも触れておきましょう。新聞や郵便をポストから運ぶのは、子どもらしいお手伝いです。

ポストから新聞や郵便を取り出したら、おとうさんなりおかあさんなりにちゃんと手わたしします。テーブルの上にほうり出したり、投げるようにわたしたりしたら、「ちゃんと手にわたして」と注意します。

郵便物のあつかい

新聞と郵便物がポストにぎっしりつめこまれてしまうことが多々あります。そんなとき、子どもが取り出そうとすると、無理にぐいぐいひっぱってやぶいてしまうことも。わたされた新聞がやぶれていたら、「どうしてやぶれちゃったのかな」とたずねてみましょう。

全部いっぺんに出そうとせずにひとつずつ取ればいい、あふれたぶんは外側からぬき取ればいい、などと教えます。

運ぶの手伝ってみると気づくこと

私の記憶でも、ちゃんとおすそ分けがわたせたり、お茶を出したりできると、うれしいものでした。やる前はめんどうくさいし、ちょっと不安だしで、いやなのだけど、うまくできるととてもうれしい。このうれしさは、一人前らしいふるまいをした喜びなのだと思います。

1 ちゃんと人と接するとうれしい

お友だちと話す楽しさとは違う、ちゃんと取るべき人間関係を取ると充実感があるのだとわかるといいですね。

2 その場にふさわしい言葉がある

口上を教えて、外の大人と言葉のやりとりをすることで、日常の会話とは違う「場の言葉」があることを感じてほしいものです。

9章●ごみ出し

ごみを捨てる気遣いにはたくさんの学ぶことがある

子どもに伝えたい「ごみ出し」の本質

私のご近所に、とてもきちんとしたごみの出しかたをする家庭があります。その家庭には老人がおり、おそらくその人の目が行き届いているからなのだろう、と感心しています。「昔の人はえらかった」式の言いかたで恐縮ですが、過去に住んできた地域のことを考えても、あきらかに高齢の人がいる家庭のほうがごみの出しかたはきれいだったと思います。

現代の環境教育を受けていると、ごみの分別には詳しくなります。環境への配慮から、たとえば詰め替え用を買うなど、ごみそのものを減らす暮らしを心がけるようにもなります。これらのことは当然、たいせつな配慮です。が、「始末」のしかたはまたべつの種類の配慮であり、なかなか教わる機会のないことでもあるのではないでしょうか。

ついついごみは「出せばおしまい」になってしまいます。ごみ収集場所に置いておけば、いつのまにか収集車が来てもっていってくれるのだから、収集する人の顔もさまざまな処置をする人の顔も見えません。1960年代生まれの私の世代が、チリ紙交換の人や汲《く》み取り屋さんと言葉を交わした記憶がある最後の世代かもしれません。

でも、片づけてくれる人が片づけやすいように考えて始末しておくものなのだ、ということが、とてもたいせつなのではないでしょうか。

生ごみは水を切って、いったんべつの袋に入れて、しっかりしばってから大きな袋にまとめて入れる。びんは中をきれいにあらって、ふたをべつにして出す。ダンボールはだいたい大きさをそろえて、全体をひもでしばっておく。

子どもにとっては、まず「家のなかでごみが出たら、ごみ箱にほうりこめばいいのではない」ということから教えたいものです。

砂糖でべたべたのお菓子の袋をリビングのごみ箱にそのまま捨てたら、ごみを捨てるときに親の手に砂糖がべったりつくかもしれない。夏だったら、アリの行列ができるかもしれない。だから台所の生ゴミなどを入れる箱に捨てたほうがいい。

鼻をかんだティッシュをなにげなくゴミ箱に捨てたら、ゴミ箱によごれがくっついて不潔になるだろう。いったんよごれをなかに包みこむようにして捨てたほうがいい。

紙くずをばさっとゴミ箱に入れたらあっという間にいっぱいになってしまう。あるいは、すでにいっぱいのごみ箱の上に曲芸のようにしてゴミをのせておくのはよくない。ごみ箱がいっぱいになったら自分で空にするようにしたほうがいい。

片づける人が気持ちよく片づけられるようにごみを捨てる気遣いは、ほんとうにささやかな日常の行為から始まるのです。

ごみ出しがじょうずになる3つのポイント

子どもの手でも扱いやすいようにしてやりましょう。

1 ごみ箱はコンパクトサイズで

子どもの手でも扱いやすい小さなサイズのごみ箱を置くようにするのがおすすめです。ごみ箱が小さいとすぐいっぱいになるので、頻繁に中身を空にしなければならないのも、メリットです。

2 ごみ箱の区別をはっきりと

リビングのゴミ箱はティッシュなどの紙類だけ、台所のごみ箱はみかんの皮やアイスクリームの棒などを捨てる場所、流しの三角コーナーにはティッシュは入れない、など、はっきりと区別をつけて教えておきます。

3 ごみ出しのルールを作る

ガムを捨てるときは紙に包んで捨てる、ごみ箱がいっぱいになっているのに気づいたらスーパーの袋に入れてから外のごみ箱に捨てる、など家庭のルールを子どもにも教えておきます。

お手伝いのステップ

家の中のごみ処理については小学校に入る前でも、なんらかのお手伝いができるはずです。ごみ収集場所に出しに行くのは、重いごみ袋をちゃんともってきれいにおけるようになるまで――7、8歳まで待ってもいいでしょう。

ごみ箱を空にする

おかあさんのひと言

いっぱいになっているのに気がついたら、空にしてね

空にするやりかた

ごみ箱にごみがたまっているのに気づいたら、大きなごみ箱あるいは大袋にあけるようにします。

家庭によっていろいろなやり方があるでしょうが、私は手にスーパーの袋かいらない紙袋を持って、ごみ箱の中身をあけていきます。ごみ箱の口にすっぽり袋をかぶせるようにしてあけると、ごみが散らかりません。

ごみ箱のあつかい

ちょっと考えてみてください。お宅では、ごみ箱のふつうの状態はどういう状態でしょうか。つねに口までいっぱいになっている家、半分くらい入っている家、いつもほとんど空に近い家……いろいろだと思いますが、理想はいつもほとんど空に近い状態になっていることではないでしょうか。

えらそうに書きましたが、私はごみ捨てがとても苦手です。書斎のごみ箱がいっぱいになるまでほうっておいて、ごみの収集日に空っぽにして、ほっとすることのくり返しです。でも、きれい好きな夫はまったく逆。少しでもたまっていると、まめに大袋にあけています。リビングや台所のごみ箱は、だからいつもさっぱり。ほんとうに、ほとんど空のごみ箱は気持ちのいいものです。

実行できない私が書くのもなんですが、家庭のなかで、「ほとんど空のごみ箱があたりまえ」にしてしまうことで、子どもの身につくのではないでしょうか。

台所ごみを捨てる

おかあさんのひと言

しっかり水を切ってね

捨てかた

台所のお手伝いをするようになったら、ごみの捨てかたも教えましょう。子どもにとって、生ごみはとてもきたなく感じるようです。

私は、はじめて生ごみの処理をした小学校低学年のときに、吐き気さえ覚えたことをはっきり記憶しています。でも、要は慣れなのですから。

基本は家庭ごとのやりかたをきちんと教えればいいのですが、参考までに私のやりかたを書いておきます。

❶三角コーナーの水はしっかり切る

流しの三角コーナーは生ごみ専用です。ティッシュやあめの包み紙などは水を含んでしまうので捨てません。卵の殻も水がたまらないようにくしゃっとつぶしてから捨てます。半分くらいまでたまったら、しっかり水をしぼったあとに、ビニール袋に入れて口をしばり、生ゴミ用のごみ箱に捨てます。

❷生ごみ用のごみ箱にはビニールを

生ごみ用のごみ箱には袋をかけておきます。私はスーパーのレジ袋を使っています。袋をかけてあるからといって、水っぽいものをそのまま捨てたらやぶれてしみだすかもしれないので、水気のあるものはいったん新聞にくるむか袋に入れてから捨てるようにします。

不燃ごみの捨てかた

可燃ごみは中身が見えなくても大丈夫ですが、不燃ごみは多くの自治体で「袋で出す場合は、中身が見えるように」との規定があります。ほかにも、乾電池や電球は別途袋に入れて出すなどの決まりもあるでしょう。区別を子どもに教えておきましょう。

古新聞を束ねる

おかあさんのひと言　**持っても崩れないようにね**

束ねかた

ひもでからげるやりかたはイラストを参考にしてください。

私は、荷物をしっかりとひもでくくりあげられる人はかっこいいと思うのです。「大人」という感じがしませんか。

袋で出すとき

最近は、新聞販売店や集配所から専用の回収袋を配られる地域も多いでしょう。古新聞を袋に詰めるときも、ただ詰めこむのではなく、持つ人が持ちやすいようにきちんと角をそろえて、ひとつの袋に詰めすぎないようにします。

そうそう、引っ越しに慣れた人は、本をダンボールいっぱいに詰めず、3分の1くらいは空けておくものです。そうしないと、引っ越し業者の人が重すぎて持てないから。「でも、最近はいっぱいに詰める人も多いんですよね」と業者の人が嘆いていました。

おとうさんといっしょに

古新聞の始末は力のいる仕事です。毎日曜日の朝の親子の仕事にしてしまうといいと思います。

ついでに自転車の手入れも。きっと張り切ってやってくれるはず。

こういう、おとうさんのほうが得意な仕事はどんどん子どもといっしょにやってもらいましょう。

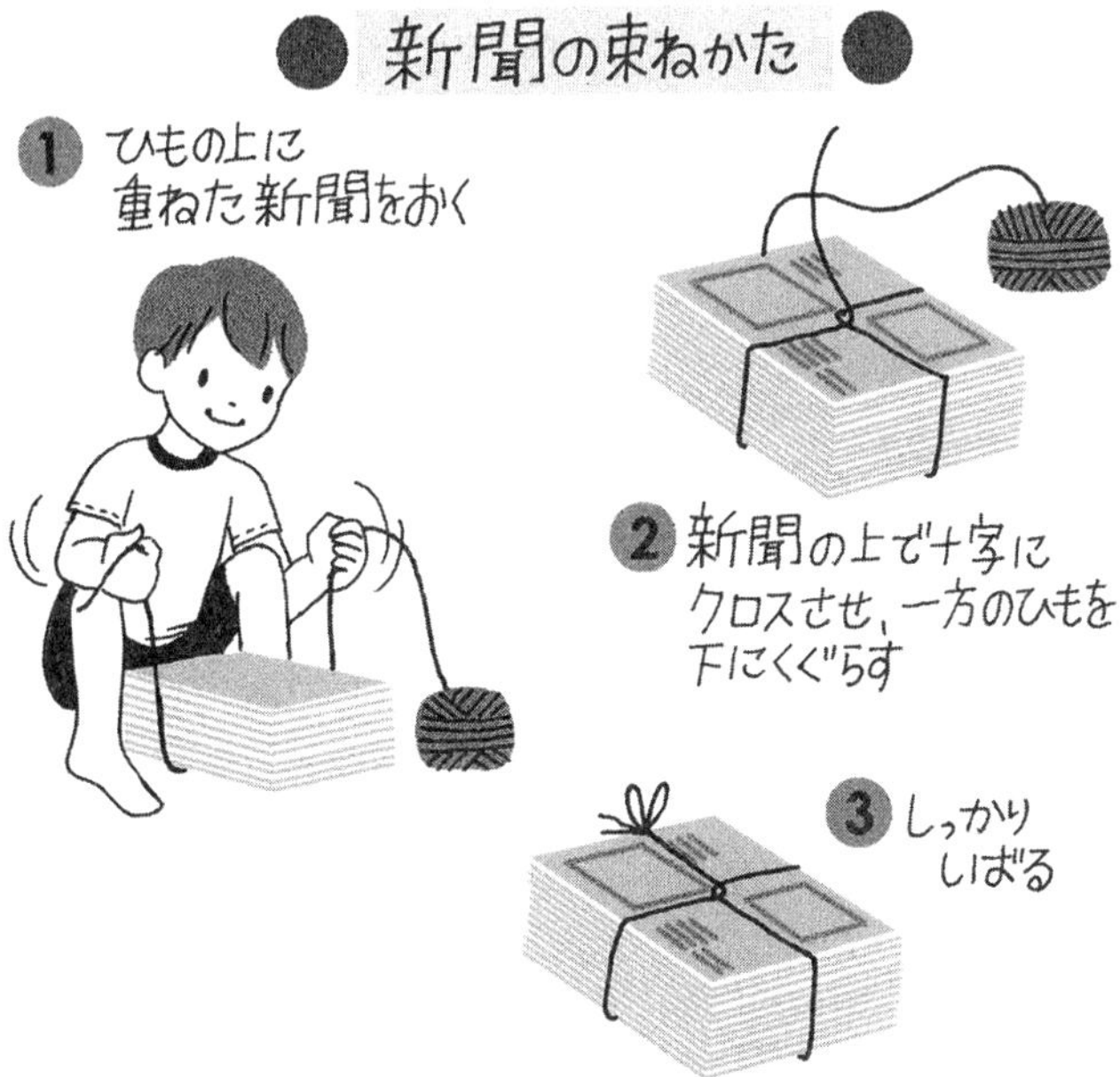
新聞の束ねかた
1 ひもの上に重ねた新聞をおく
2 新聞の上で十字にクロスさせ、一方のひもを下にくぐらす
3 しっかりしばる

ごみ袋を収集場所に出す

おかあさんのひと言

投げ出さないできちんと並べてね

出しかた

そのまま並べている場所、専用の置き場所や大きな容器に入れる場所、カラスよけのネットをかぶせる場所……いろいろ違いはあると思いますが、子どもに伝えるべきは「そのままポンと投げ出してはだめよ」ということでしょう。

みんながしてあるように、ちゃんと並べたり、積み上げたり、ネットをしっかりかぶせなおしたり……。最初は、親が見せてあげます。

散らかっていたら

カラスのせいなどで散らかっていて、子どもが「ごみが散らかっていたよ」と親に報告してきたら、めんどうでも子どもといっしょにそうじをしてはいかがでしょうか。ふだんならつい見て見ぬふりをしてしまうことでも、子どもの前では「ちゃんとした大人」であろうと努力するのには価値があるからです。

ごみ出しを手伝ってみると気づくこと

人が生活する以上、必ずごみは出ます。自分の手でごみの処理をすることで、暮らしでは「ごみを出さない努力」だけでなく、「ごみをきちんと捨てる努力」も必要なんだなあと気づいてくれたらいいですね。

1 ごみにも捨てかたがある

ただポイッと捨てるのではダメで、包んで捨てる、ふさわしい場所に捨てるなどの配慮が大事なのです。

2 ふだんからきちんと分けておくと捨てるときに楽

ごみの分別はふだんの行動から、ということです。

コラム■さっと動ける身体に■

自分のことを振り返って正直に書きましょう。私は一人暮らしをはじめるまで、かなり腰の重い人間でした。洗濯は親まかせ。親に買い物を頼まれても、なんだかんだと言いのがれをしようとする。思春期には自分の部屋はさわってほしくないけれど、そうじもめんどうで、どうしようもなくなってからようやくそうじ機を出してくる。

自分がなぜこんなにも腰が重いのか。生まれつき怠け者だからなのか、と真剣に落ちこんだこともあります。ところが、一人暮らしの家ではだれにも強制されないのに嬉々として家事をするようになりました。ほんらい、家事がきらいなわけではなかったのです。

よく考えてみると、原因はやはり家族にありました。家族のなかでの私の位置づけ、と言えばいいでしょうか。

私は子どものころからぜんそくで、身体を動かすと息が苦しくなることがよくありました。また、アレルギー体質で洗剤をちょっと使うと手にしっしんが出る。ひふが弱いので、いつも手にあかぎれができている。母親としては心配で、「この子はおとなしく座らせておこう」とだいじにしてくれたのでした。そして父親は、たとえば日曜大工のときも「この子を使うとあとがめんどうだから、上の子に頼もう」と私をあえて手伝わせない。

愛情のゆえで文句など言えないことですが、あまりにだいじにされたために、私は腰の重い、家事を親まかせにする子になってしまったようです。親を頼りにしない生活になってはじめて、家事のほんとうの楽しさに目覚めることができたのでした。

今でも、ちょっと気を抜くとどっしりと腰をすえてしまう悪い傾向がすぐ顔を出します。心のどこかでいつも身軽であろうと意識していないと、身体が動かないのです。この「身軽であろうとする意識」は、長年意識しつづけていたために、もう無意識に近いレベルまで慣れた感覚にはなっていますが、それでも、子どものころの腰の重さは抜けきれません。要は、身についていないのです。

いま、子どもがちょっとかわいそうに思えても、「やりなさい」と強く言えるのは、私のような子どもにしないため、という気持ちがあるからなのです。

10章●留守番

一人で対応するという緊張感が子どもを一歩、大人に近づける

●子どもに伝えたい「留守番」の本質●

現代では、気軽に子どもに「お留守番していてね」と頼めないようになっているかもしれません。でも、子どもが小さいうちは、親も「ぜったいに一人にさせない」でがんばれても、子どもが成長するにつれ、さまざまな都合で子どもに留守番させる機会も出てきます。それに、自立心のある子で、なおかつ友達と遊んでいたりして楽しいまっ最中だと、6、7歳でも「お留守番して待ってる」と言い出します。

急に必要ができたときにあわてないためにも、ふだんから10分、20分のお留守番で親も子も慣れておいたほうが、かえって安心なのではないでしょうか（ここでは、共働き家庭で学童保育が終わったあとにどうするか、といった場合は考えません。あくまでも「お手伝い」の範囲でとりあげます）。

それに、子どもはいずれひとり立ちします。そのときに安心して送り出すためにも、いまのうちに留守番の心得を教えておきましょう。

子どもが一人で留守番するときの心得とはなんでしょうか。

まずはなんと言っても戸締まりです。具体的には、あとの項目で触れます。

それから、あぶないことへの対応です。家に一人でいるときは、あぶないことをさせないようにします。「あぶないこと」とあいまいに言うのではなく、具体的に「これはしてはいけません」と伝えましょう。

具体的なあぶないこととは、まずは火の始末です。小学校高学年になるまでは、一人でいるときは台所で火を使わない。スイッチひとつで点き、安全装置の働く暖房器具ならいいけれど、灯油を使うなど危険性のある暖房器具は、使わない。

ほかには、屋根に登らない、3階のベランダには出ない、庭の池の近くで遊ばない、家庭菜園の農薬置き場に近づかない、など家庭によっていろいろあると思います。

そして最後に、外の人への対応です。用があって来る来客、宅配便、セールスなどで来る人、あるいは電話……家にいるとさまざまな応対をしなければなりません。どこまでは留守番としてやらなければならないか、どこから先は子どもだから応対しなくてもいいか。はっきりさせておきます。

これらは要するに、「家に一人（あるいは子どもだけ）でいるときは、いつも以上に気を張っていなければならない」ということなのです。

じっさいには、子どもは逆です。一人で開放されているから夢中になってゲームをしていたり、いつもなら外に遊びに行ってはいけない時間帯でも「ちょっとだけ」と思って出て行ってしまったり……。

うるさい親がいないぶん、自分がしっかりしなければならないのだ、と子どもに理解させてください。

留守番がじょうずになる3つのポイント

子どもは目の前のことに集中すると、だいじなことでも忘れます。いろいろなことを口頭で伝えても、覚えきれません。

1 留守番のルールを作る

毎回、違うことを言っていては子どもは混乱します。「いつも言っているように、玄関にはカギをかけること、電話には出ないこと、ガスは使わないこと……」など、家庭なりのルールを毎回、くりかえすようにします。

2 だいじなことはメモにする

「おとうさんはどこに行っていつまでに帰る」「おかあさんの携帯電話の番号は090-1234-5678」「困ったときは、隣の辰巳さんに電話する。03-1234-1234」などをメモして、いつでも見えるところに。

3 シミュレーションしてみる

とてもだいじなことについては、親子でシミュレーションしてみるのもいいことです。避難訓練のようなものです。たとえば、「戸締まりは、どうやってするの」「電話にはどう出るの」「だれかがきて『一人ですか』って聞かれたら、どう答える?」など。だいじなことだけ訓練するのがポイントです。細かいケースを想定して訓練しすぎても、けっきょくわけがわからなくなるだけですから。

お手伝いのステップ

私は、小学校に入るまでは、子どもだけの留守番はさせないほうがよいとみています。電話をかけるのもおぼつかない年齢では、やはりあぶないのではないでしょうか。もちろん、「ちょっと隣に行ってくるね」など親が近所に用があるときなら、話はべつです。

それでも、どうしても留守番させなければならない羽目になったら、ご近所にひと言、声をかけていきましょう。親しい隣人がいて、その人に預けられるのがいちばんですが。

小学1年生になったら、少しずつ練習してもいい年齢です。高学年にもなれば、何時間かに及ぶ留守番でも大丈夫でしょう。

戸締まりをする　おかぁさんのひと言　戸締まりを忘れないで

戸締まりのしかた

学校から子どもが帰ってくるときに、自分でかぎをあけさせる場合と、家族で家にいて親が子どもをおいて家を空ける場合があります。

1 一人でかぎをあける場合

戸締まりの前に、「学校や通学路でかぎを見せない」（一人で留守番することを人に知らせない）、「かぎをあけるときには周囲を気にする」（知らない人が近くにいたら、玄関をあけない）を注意させます。

ドアをあけて入ったら、その手ですぐに戸締まりを。ほかの部分は、親が戸締まりしてあるはずなので、「留守番のあいだは、かぎをあけないでね。ベランダに出るときにかぎをあけたら、またすぐに締めるのよ」など、「あけたら締める」と教えます。

2 子どもをおいて家をあける場合

親が家全体の戸締まりをチェックします。ドアを出るときには、「かぎをしてね」と伝え、子ども自身の手でかぎをかけさせましょう。「カチン」という音で外からでも確認できるはずです。心配で親が外からかぎをかけたくなるかもしれませんが、それでは子どもは、自分の手で「戸締まり」を確認できません。自分で確認しないと、心構えの面でも人まかせ気分になってしまいます（もちろん、親は合いかぎをもって出ます）。

親が帰ってきたとき

私は、親は自分の合いかぎで入るのではなく、ドアチャイムを押して子どもにあけさせるほうがよいと見ています。前述のように「人まかせ」にならず、「自分は留守番しているんだ」と自覚してもらうためです。

そのときに、だれだか確認もしないで子どもがかぎをあけたら「どなたですか、ってきかないとあぶないでしょう」などと注意できます。

来客に応対する

おかあさんのひと言　知らない人には、ドアをあけないこと

応対のしかた

ドアの構造やインターホンの仕組みなど違いはあるでしょうが、ともかく「ドアをあけないで、まず相手がだれかを確認する」のがポイントです。

ドア越しに「どなたですか／だれですか」ときいて、相手の顔が確認できるならして、知っている人（隣のおばさん、学校の先生、親戚の人、自分の友だち、よく顔を知っている宅配便や郵便局の人など）ならあけてもいいことにしましょう。

知らない人（名乗るけれども会ったことのない人、名乗らない人）、あるいはよく知らない人（近所の商店のおじさん、新聞配達のお兄さん、よく顔を知らない宅配便の人）なら、ドアをあけないように教えましょう。

応対としては、知らない人には「ごめんなさい。いまおかあさんは手が離せません」、よく知らない人には

留守番のときの対応のしかた
でんわ
・いま、おかあさんは手がはなせません
・あとでこちらからかけ直しますのででんわばんごうをおしえてください
インターホン
・いま、家の人がいません
・すぐ帰ると言っていました
・あとでまたきてください
でんわやインターホンのそばにはっておく

ようにします。

「ごめんなさい。おかあさんはいません。すぐ帰ってくるって言っていました」と言う

親の所在をきかれたら

子どもはうそをきらいます。親が「特別な場合なんだから、うそを言ってもいいのよ」と教えても、どうしても言えない子どもも多いはずです。

知らない人が「おかあさんはいるの？」などときいてきた場合、「いるけれども、出られない」といううそを言わせるのは酷な気がします。私は、子どもにとって日常語ではない「手が離せない」という言葉を言わせるようにしています。あるいは、1時間後に帰る予定でも、「だれかが来たら『おかあさんはすぐ帰るって言っていました』って言えばいいからね」と、少々のごまかしを教えています。

こわい思いをしたら

ドアをどんどんとたたかれた、ドアチャイムを何度もくり返し押してくる、「おかあさんが事故にあって君を呼んでいる」「警察だからあけてほしい」と言われる、など、こわい思いをすることもあるかもしれません。そういうときのために、「困ったときの連絡先」として近所の人の電話番号を教えておきます。近所の人がいなければ、警察（110番）でもいいのです。

電話に応対する

一人のときは電話に出なくてもいいから

電話の取りかた

いろいろな考えかたがあるでしょうが、私は電話は大人の通信手段であるととらえています。子どもの世界は身のまわりだけですから、電話という手段はそもそも必要がないはず。いまは、遊ぶ約束を電話でせざるを得ない環境になっているので、名前を名乗って、「○○ちゃん、いますか」ときちんと言えるようになったら、自分からかけてもよいとしましょう。でも、取るのは大人の役目です。大人の言葉づかいで取次ぎができ、伝言を正確に伝えられるようになったら——小学校中学年でしょうか——、電話を取ってもよいことにしましょう。

この考えかたでいけば、留守番している子どもは電話に出なくてもよいのです。親から電話をする可能性がある場合は、留守番電話にしておきましょう。留守番電話は、多くの場合、受話器を取らなくても相手の話し声が聞こえます。「おかあさんよ」という声が聞こえたら、受話器を取るように約束しておけばいいのです。

出るとしたら

子どもが大きくなってきて、電話を取らせるとしたら、以下のことを注意します。

1 自分から名乗らない

「はい」「もしもし」と言って出ればいいでしょう。名乗らなくても相手は名前を把握しているものではありますが……。

2 一人で留守番していることを言わない

「おとうさんかおかあさんはいますか」と言われたら、来客のときと同じように「おかあさんは手が離せません」「おかあさんはいま、出られません」「おとうさんは近所にいて、すぐもどってきます」などと言うようにします。

3 しつこい電話は切る

「いろいろときき出そうとする相手なら、話が途中でも電話を切ってもいい」をルールにしましょう。

留守番を手伝ってみると気づくこと

一人で家を守るのはなかなかたいへんなことですが、「きちんとしなきゃ」と大人に近づく訓練になるはずです。「一人で家にいる人は、家のことに気を配らなければならない」という意味で、以下のことにも気づいて行動できるようになってほしいものです。

1 雨が降ってきたら洗濯物を取りこむ

「雨だ」と気がついたときに、家のなかを点検できる気配りを身につけさせましょう。9、10歳にもなれば、「おかあさんはかさをもっていかなかった。かさをもってお店まで迎えに行こうかな」とやさしい心遣いをしてもおかしくはない年齢です。

2 暗くなってきたら電気を点ける

あたりまえでしょうか。それでも、教えておかなければ自分のいる場所だけは電気をつけて、玄関は真っ暗なままにして平気でいるかもしれません。

11章●世話

相手の欲していることがわかるようになる

子どもに伝えたい「世話」の本質

テレビ番組『おしん』じゃないけれど、かつては7歳にもなればあかちゃんをおんぶして子守りをする子もいたと聞きます。小学校にきょうだいをおぶって来る子、昼休みになると妹や弟が学校に遊びにきてしまう子……。いまは、「世話」は大人の役目ですが、子どもだってやらせればできるのです。いいえ、「やらせればできる」ではないのかもしれません。

私は子どもを2人とも0歳から保育園に入れました。母親として胸の痛むことも多々あったのですが、その胸の痛みを癒してあまりある光景もよく目にしたのです。たとえば、0歳9カ月の子どもが先生に抱かれて泣いていると、1歳2カ月のお友だちが心配そうにその子の顔をのぞきこんで、おぼつかない手で頭をなでようとする。よちよち歩きの子を連れて行って、2歳くらいのお友だちに「いっしょに遊んでね」と言うと、ボールをもってきたり手を引こうとしたりする。

育児書などを読むと、「集団で遊べるようになるのは3歳から」「社会性が出てくるのは6歳から」などと書いてあります。でも、私の目には、たった1歳2歳の子どもでも自分よりも弱い者、小さい者を慈しむ気持ちがあるように見えてなりません。その気持ちは、大人がもつ感情とは違う種類のものなのかもしれません。もっと動物的で、気分次第で消えてしまうものではあるでしょう。でも、人は生まれながらにして、他者と関わろうとする心の動きを持っている。他者を慈しみ、自分にできることをしてやりたいと願う心の動きを持っている。そう思うと、気持ちがしみじみ温かくなります。きっと、そういう心の動きは、親がちゃんと育ててあげることで、もっと伸びるのではないでしょうか。

さて、世話の基本はどういうことでしょうか。

私は、子育てや趣味の園芸を通して、「目は配りつつ、手を出しすぎない」が基本かな、と悟りました。植木鉢の花は、手をかけすぎると逆に元気がなくなります。水をやりすぎると根腐れしてしまいます。ほどほどにほったらかして、目だけはちゃんと配っていると「あ、いまが水のやりどき」「雑草が生えてきた」というタイミングが見えてきます。このタイミングを逃さずに世話をするだけで、必要にして充分なのです。

世話がじょうずになる3つのポイント

「世話しておいてね」では、子どもはなにをしたらいいのかわかりません。具体的に、「こういうときは、こうしてね」「目安はこのくらい」と教えておきます。

1 親がやってみせる

これはどの項目にもあてはまることではありますが、相手が生きものの場合はなおさらです。やって見せながら、「葉っぱがこうなっているときは、水がたりないのよ」などと具体的に教えます。

2 とにかくやらせてみる

やはりどの項目にもあてはまることですが、相手が生きものだと「トライ&エラー」というわけにはいかない」と心配になるでしょう。でも、やらせてみなければできるようになりません。最初は「お手伝い」どころか「足手まとい」でも、慣れるまではとにかくやらせてみませんか。

3 男の子にもやらせてみる

お世話に関しては、女の子は自然にできるのがほんとうに不思議です。やはり男女は同じではなく、違うのだと思います。教えなくてもおままごとをし、人形遊びをする女の子には、ある程度まかせても大丈夫。

でも、男の子は親が言わないと、なにもしないかもしれません。男の子に対しては意識的にやらせてみてはいかがでしょうか。

お手伝いのステップ

花の水やり、犬の世話、そしてきょうだいの世話……幼い子どもでもできることはたくさんあります。1歳2歳のころから見よう見まねでやろうとする子どもも多いようです。やりたがっているなら、ぜひやらせてみましょう。「おかあさんがやるから」ではなく、じょうずに導いてあげられるといいですね。

小学生になったら、安心してまかせられるのが理想です。

きょうだいの世話をする

おかあさんのひと言

無理をしないでね

世話のしかた

小学校に入るまでは、子どもが中心になってやるお世話はむずかしいでしょう。私が積極的にやらせたいと思うのは、つぎのことです。ただ、子どもの注意はすぐそれるので、親が完全に目を離すのはまだあぶないでしょう。

1「**見ていてね**」

親が料理をしているときなど、同じ場にいても目が行き届かないときに、きょうだいがあぶないことをしないか見ているお手伝いです。ただ「見ていてね」ではなく、「お風呂場に行かないか、見ていてね」「階段を上がろうとしたら、教えてね」「ソファの上にのぼろうとしたら、教えてね」など、具体的に伝えます。

2「おやつをあげてね」

いっしょにおやつを食べるとき、きょうだいのぶんまでお皿に出してもらう、手にもたせてやる、などの世話をするお手伝いです。

3「手を引いてね」

外を散歩するとき、買い物しているとき（あぶなくない店）に、下の子を親がしっかり抱いてしまうのではなく、上の子と手をつながせてはいかがでしょうか。最初のうちは力加減がわからないかもしれませんが、そうそう無茶はしないものです。

小学生以上になったら、もう少し幅が広がります。

1着替えをさせる

パジャマを着せる、外に行くとき靴をはかせる、などのお世話ができるはずです。

2いっしょに寝る

下の子が3歳くらいになったら、親が寝かしつけなくても、きょうだいでいっしょに眠れるようになります。

きょうだいのつながり

かつてのようにきょうだいが多く、かつ母親が忙しかった時代には、上の子が下の子の世話をし、下の子は上の子を頼るのがあたりまえだったからでしょうか。いま60代、70代の人のきょうだい関係を見ると、「かつてのほうが、きょうだいの心のつながりはずっと強かったんだろうな」と感じます。これは、私の幻想でしょうか。

いずれにせよ、母親が専業主婦で子どもにエネルギーをしっかりかけられる家庭でも、あえてきょうだい同士で頼りあう機会を作ることは、価値があるはずです。

花に水をやる

おかあさんのひと言 **下から水が出てくるのが合図よ**

やりかた

子どもに教えるべきことは、以下の3つです。

①土の表面が乾いたときが、水やりのタイミング。
②植木鉢の下から水が出てくるまで、たっぷりやる。
③花には水をかけないようにする。

庭木に水をやる場合

植木鉢ではなく庭の植物に水をやる場合は、それほど注意はいりません。ただ、庭の外を歩いている人に水をかけないように、外に気を配るように言いましょう。

草むしりをする

おかあさんのひと言

根っこまでしっかり取って

むしりかた

広い庭がなくても、玄関脇の植えこみ、植木鉢など、雑草はどこにでも生えてきます。ポイントは、根っこごと引き抜くこと。雑草が小さいうちは、生え際ぎりぎりを持ってひっぱるときれいに抜けます。大きく根を張ってしまったら、スコップで少し周囲の土を持ち上げると、簡単に抜けます。すぽっと根が抜けるのは、快感。子どもといっしょに「きれいに取れたね」と楽しみながら教えましょう。

水やりもいっしょに

草むしりのしかた

雑草を抜いたあと、ついでに水やりも手伝ってもらいましょう。たったそれだけの作業で、植木が見違えるようにさっぱりと生き返るのは不思議です。

犬を散歩させる
おかあさんのひと言
ウンチの始末をきちんとすること

散歩のさせかた

子どもに手伝わせるならば、犬が力いっぱいリードをひっぱったとしても、子どもがリードを離さずに犬を管理できる体力がついてからです。犬のサイズにもよるので、親子で散歩するときに確かめておくとよいかもしれません。

①散歩中はリードをしっかりもっている。
②ウンチの始末をさせる。
③どのルートで散歩させるか確認しておく。

犬について

犬はリーダーの言うことに従う性質をもっている、といいます。家族に飼われている犬にとって、リーダーは父親。子どもは、犬にとっては仲間か、場合によっては自分よりも格下の存在です。

親子で散歩しているときに、子どもがリードをもっていてもおとなしくしている犬が、子どもだけで散歩させるときにおとなしいとは限りません。子どもに犬の散歩をまかせるならば、前述のように体力的に犬に負けないようになってからにしましょう。

世話を手伝ってみると気づくこと

自分よりも弱いもの、小さいものの世話をすることで、いろいろなことが見えるのではないでしょうか。

1 生きものは自分の思いどおりにはならない

とくにきょうだいや動物の世話をすると、「こっちへおいで」というだけのことでも、思いどおりにはならないことがわかるでしょう。思いどおりにならないから、ではどうしたらいいのか、を自分なりに考えられるといいですね。

2 相手のしてほしいことをすればいい

花に水をやりたいときにやるのではなく、花が水をほしがっているときにやると、元気に育っていくもの。自分中心ではなく、相手がなにをしてほしいと思っているかを感じとろうとする姿勢のたいせつさが、世話の手伝いからわかってくると思います。

12章●年中行事

暮らしのメリハリに喜びを感じられる豊かさを

子どもに伝えたい「季節の行事」の本質

子どものころから、私は季節の行事が大好きでした。大人になって、「どこがいいんだろう」としっかり考えるようになって、はっきり答えが見つかっています。

季節の行事とは、暮らしのメリハリなのです。暮らしとは、日々変わりなく流れ去っていくことに価値があるものです。ブラウニングの有名な詩に「すべて世は事もなし」というフレーズがありますが、すべてが流れるべくして流れていて、とりたてて事が起こらないことこそが暮らしの豊かさなのでしょう。

ただ、それだけでは人は次第にだれてくる。生活をつまらなく感じてしまう。だから、暮らしの知恵として、暮らしにメリハリをつける季節の行事が生まれたのだと思います。

つまり、季節の行事という「いつもと違うこと」は、日常の「いつもどおり」とセットなのです。行事に心をかけられる人は、日々の暮らしも豊かに暮らせる。日々の暮らしをていねいに生きている人は、季節の行事も楽しみにできる。

レジャーも暮らしのなかの楽しみです。でも、レジャーの楽しみは、「楽しいことをする楽しさ」です。ディズニーランドに行くのも、温泉に行くのも、映画を見るのも、子どもでも大人でも、生活をちゃんとやっていない人でも、楽しいに決まっていること。

季節の行事の楽しみは、その意味で、一段、高級なことだと言えるかもしれません。ひねくれて考えれば、ただめんどうくさいだけのことを、一所懸命に、楽しみにしようとするのだから。きっと、めんどうくささそのものを楽しみにするのが、季節の行事なのでしょう。

だから、子どもには、季節の行事の準備や形式などの「めんどうくささ」に、ちゃんと関わらせてあげましょう。お正月を「もういくつ寝ると」と楽しみにするのは、遊びやお年玉のためだけではつまらない。正月飾りをし、いつもと違う食器で食べ、いつもと違うあいさつをすることを、「楽しいことだね」と教えてあげましょう。めんどうくさいこととは、やりがいのあることなのです。

季節の行事がじょうずになる2つのポイント

親が楽しそうに準備していたら、子どもは無理強いしなくても関心を持ちます。感心を持ってくれたらこっちのもの。

1 毎年、同じことをする

日常においては季節の行事は「いつもと違うこと」ですが、年単位で見たときには「いつものお正月の着物」「いつものひな祭りの料理」「いつもの七夕飾りの置き場所」など「いつも同じことをする」ことによさがあります。毎年同じことをするからこそ、「また1年たったなあ」「去年は、いろいろたいへんな年だったなあ」「うちの子も大きくなった」という感慨が生まれるのではないでしょうか。

2 親が楽しみにする

「子どもに日本の伝統行事を教えるために」などとかまえると、単なる教育になってしまいます。まずは、親自身が楽しみにすること。その気分が、子どもに行事の価値を気づかせるのです。逆に言えば、親が楽しみにできないことならば、無理に実行する必要はないのだと思います。

お手伝いのステップ

年齢を問わず、どんなかたちでも参加できるはずです。少しずつ、「役割」を決めていくといいのではないでしょうか。たとえば、クリスマスツリーを飾るのは○○子ちゃんの役目、ひな祭りのちらし寿司の上を飾るのは○○くんの役目、などからはじめましょう。

そのうちに、天袋からお正月用のお重やおわんを出す役目、大そうじに家の周囲をはく役目、などステップアップしていくようにします。

おせち料理を詰める
おかあさんのひと言　じかに触らないのよ

準備

手を洗い、エプロンをするのは料理の基本です。

それから、子どもにやらせるときは、親が適当なサイズに切ってお皿に出しておくといいでしょう。最初から全部やれるようになるのは、小学校高学年以降です。ほかに、菜ばしと清潔なお手ふきタオルを用意しておきます。

詰めかた

お重の基本の詰めかたは伝統のきまりもあるようですが、家庭なりの「いつもの詰めかた」がいちばんです。もし、いままで決まっていなかったなら、子どもにお手伝いさせるついでに決めてしまいましょう。「わが家のお重」が決まっていて、毎年、ふたをあけると同じ品物にお目にかかる「マンネリ」は、季節の行事の醍醐味です。

詰め方は家庭で違ってもいいわけですが、保存しておくお重のあつかいとして、以下のことに注意するように言いましょう。

①熱々のものは冷ましてから入れる。

②汁物は小皿など汁を受けるものに入れる。

③味が隣に移らないように入れる。

④アルミホイルの仕切りは見えないようにする（できるだけ葉ランなどを使う）。

⑤菜ばしを使うようにして、じかに触らない。

「おばあちゃんにきく」お手伝い

家庭の伝統行事は、受けわたし、受け継ぐことに喜びがあります。おかあさんがお重の詰めかたに迷ったら、「おばあちゃんに電話して、詰めかたをきいてくれる？」と子どもに電話させ、「おばあちゃにきく」お手伝いを頼んでみませんか。

おせち料理について

「おせち料理はおいしくないから、やめた」「料亭のおせち料理を買ったほうが楽しいから、作らない」「和食のおせち料理は飽きたから、イタリアンにしている」などという話をよく聞きます。お正月のおめでたい気分らしいごちそうであればそれでいい、という合理的な考えかたはできますが、行事の楽しみとしてはどうでしょうか。

お正月は「ごちそうを食べる日」ではありません。年が新たになるのを祝い、末永い健康や幸せを祈る行事です。おせち料理すなわち行事食には、その目的にふさわしい意味があります。

その意味をかみ締めながら、お祝いのお膳を囲むからこそ、お正月は楽しいのです。すべて手作りする必要はないし、和食で全部整えるまでもないけれど、どこかにラインを引きましょう。家庭でひとつは料理を作る。それは、お正月にちなんだ伝統的な料理で、毎年同じものがいい。できれば、自分も親世代から受け継いだものがいい。黒豆、きんとん、昆布巻きあたりがふさわしいかもしれません。それでこそ、子どもに作り方を伝授する甲斐もあるではありませんか。

漆器のあつかい

漆器は日常の食器としての使用に耐える、堅牢で扱いやすい道具です。私たちの日常生活からちょっと遠ざかったために、「漆はあつかいがやっかい」という先入観があるかもしれませんが、この機会に、子どもに教えながら漆器のあつかいを身につけませんか。

たいせつなポイントは、とがったもので引っかかない、漆器同士をぶつけない、それだけです。温度に関しては、冷水でも熱湯でも耐えられます。私は、ラーメンや炊きたての熱々ごはんも漆器で食べます（質の悪い漆器は、白くなることもあります）。日本のよい伝統である漆器を、子どもにとって身近なものにしてやりましょう。しまうときには、ふつうの食器用ふきんでふき、水気が飛んでからしまいます。日本ではほとんど問題はありませんが、あまりに乾燥しすぎる場所での保管はおすすめできません。

衣替えをする　おかあさんのひと言　着なくなった服は、よけておくのよ

やりかた

衣替えは、お手伝いをとおして身につけさせたい習慣です。ここでは、春の衣替えを説明しますが、秋も同じです。

衣替えのしかた

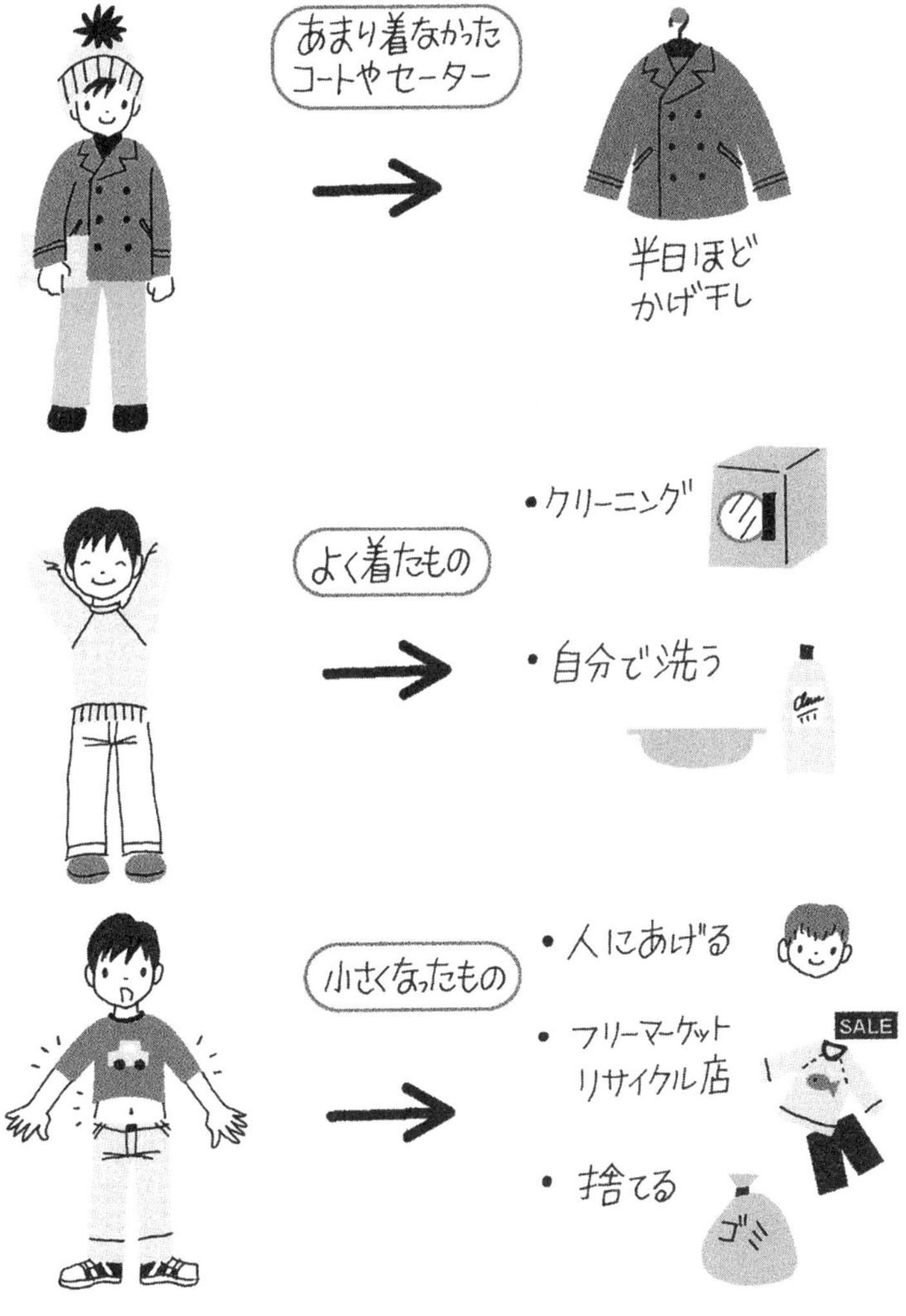

あまり着なかった
コートやセーター
半日ほど
かげ干し
よく着たもの
・クリーニング
・自分で洗う
小さくなったもの
・人にあげる
・フリーマーケット
リサイクル店
SALE
・捨てる
ゴミ

衣替えの日

春の衣替えは、5月か6月の乾燥した日に行います。ちなみに、かつて「土用干し」と言って、夏の土用にカビや虫を防ぐために衣服を干す習慣がありましたが、これは干すだけ。衣替えはもっと早くです。

秋の衣替えは、10月のやはり乾燥した日に行います。

クリスマスケーキを作る

おかあさんのひと言 自分で作るとおいしいね

手抜きの手作りでいい

おかあさんがお菓子作りの名人だったり、子どもが大きくなってケーキ作りに目覚めてきたら、本格的に作るのは素敵なことです。でも、子どもが小さいうちは、手抜きをするところは抜いて、楽しいところだけ手作りすればいいのではないでしょうか。手作りかどうかにこだわることはありません。「ケーキの飾りつけ」はうきうきわくわくするとても楽しいことだから、行事に組みこんでみましょう。

いまは、シーズンになるとスーパーにケーキのスポンジが売り出されます。台は買ってきて、飾りつけを子どもといっしょにやってみましょう。

作りかた

①スポンジケーキの台を買います。

②お店で、子どもと「どんな飾りにする？」と相談しながら果物やケーキの材料を探しましょう。

③生クリームも忘れずに！

④夜になる前に、みんなで飾りつけ。作りたてよりも、少し時間を置いたほうが落ち着きます。子どもは手が温かいので、生クリームがしぼり袋のなかで溶けてしまってうまくいかなくても、ご愛嬌。生クリームを交代で泡立てたり、あまった果物を食べちゃったりするのも、わくわくします。

大そうじをする　おかあさんのひと言　家をきれいにしないとお正月が来ないのよ

大そうじとは

むかしは「煤《すす》払い」と言ったように、大そうじは家のほこりやよごれを取る行事です。片づけやごみ出し（1年間にたまった粗大ごみをまとめて捨てる）までいっしょにやろうとするから、大そうじはたいへんな作業になってしまう。

まずは、家族のなかで以下のことをはっきりさせましょう。「大そうじのときには、ふだんはそうじが行き届かない、ガラス窓や天井、冷蔵庫のなかや家の周囲などのそうじを家族みんなでする」。

大そうじのしかた

自分の部屋は自分の担当。あとは家族のパブリックスペースをどう分担するかを、家族のルールにしてしまいます。

配分は、やはりおかあさんの役目でしょうか。子どもにおすすめなのは、①ガラスふき、②玄関および家の前のはきそうじ。小学校中学年の子どもなら、③照明器具のふきそうじ、④ベランダのそうじ、あたりをやらせてもいいでしょう。

季節の行事を手伝ってみると気づくこと

季節の行事は、暮らしを楽しむイベントともいえます。親が楽しそうに、まめまめしく季節の行事をやっており、子どもがその手伝いをすることで、日々の暮らしにこそ豊かさが秘められていることに気づいてほしいと思います。

1 暮らしは楽しい

ほんとうに、私たちの生きる基本は暮らしです。そして、その暮らしとは小さな作業の積み重ねです。季節の行事をすることで、その行事の楽しさだけでなく日々の暮らしの作業の楽しさにも気づいてほしいものです。

2 手をかけることで楽しみが増す

親が全部用意してくれた行事食を食べる楽しさよりも、自分も手伝って料理を作ったり飾ったりした行事食を食べるほうが、ずっとわくわくする。そんなことから、手をかけることで得られるものがわかるでしょう。

まとめ

9つのお手伝い効果

お手伝いをするようになると
こんなふうに子どもは変わる

1 気がつく子になる

そうじをとおして、よごさないようにすればいいことに気がつき、人の気持ちにたって、思いやれるようになる。

2 サッと動ける子になる

よごれているな、と気がついたときにサッと動ける子になる。

3 生活技術の基本が頭でなく、身体で覚えられる

くり返すことによって、無意識に身体が動くようになる。

4 生きることに前向きな子になる

食べる喜び、きれいにすることの気持ちよさなどをとおして、充実感を感じ、生きることに積極的になる。

5 ものを大切にする子になる

手入れをする、交換をするなど、手を動かしていると「使い捨て」ではわからない、暮らしの豊かさを感じられるようになる。

6 人ときちんと向かい合える子になる

お茶を運んだり、回覧板をまわすなどのお手伝いをとおして、家族以外との人間関係の作り方を学ぶことができる。

7 コミュニケーションができる子になる

お手伝いをとおして、親子の会話はもちろん、近所の人とのおつきあいもでてきて、コミュニケーション能力が身につく。

8 大人へと成長させる

たとえば留守番は家のことに気を配って、きちんとしなきゃという緊張感を強いられる。これが子どもを大きく成長させる。

9 家族の一員としての自覚が育つ

自分の役目をもらい、きちんとこなすことで使命感も芽生え、家族の一員たる自覚もできる。

カンタン！手作り1時間で
ハンカチ 完成
エプロン
52cm
ぐらいの
もの
＋ 2cm幅の
綿テープ
大判のハンカチや
バンダナ、綿テープが
あればOK！
A
長さは身長によって
調節する
テープの上下を
ぬう
B
1 綿テープを
つける
12cm
ぐらい
2 角を折って
点線の
部分をぬう
（裏）
3 子どものからだに
あわせて長さを調節する
ヒモを長めにして
前で結んでもかわいい

あとがき

「子どもを伸ばす」シリーズも、3冊目になりました。最初はシリーズになるなどとは思わずに書きはじめた本ですが、「片づけ」を書いたら「毎日のルール」についても触れたくなり、そうしたら「日々の家事=お手伝い」にも触れたくなる、というかたちで、次々とテーマが向こうからやってきました。

幸いなことに、既刊の本はよく読んでいただいて、そのこともシリーズ化の後押しをしてくれました。ほんとうにありがたいことだと思いますし、どんな親御さんにとってもそれだけ子育ては悩みの多いことになっているのだとも実感します。

今回のテーマである「家事」は、私にとってたいせつなテーマです。そのため、この本を書くことは今まで以上に楽しい作業でした。とくに、「本質」として解説した内容は、その家事がなぜ家事として必要なのか、どう取り組んでいけばいいのかを考える「核」になる部分です。無意識に家事をするよりも、心のどこかに留め置いていただいたほうが、きっと作業そのものもじょうずになると思います。

また、この本で取り上げたことは基礎中の基礎ですが、これだけのことができれば基本がきちんと身について、あとのことはすべて応用問題としてできるようになると思います。私も書きながら、改めて確認することがいくつもありました。子どもに教えると同時に、お母さんがたにも役立てていただけると幸いです。

平成18年5月24日　辰巳　渚

辰巳渚●プロフィール

1965年生まれ。お茶の水女子大学文教育学部卒業。編集者を経て、フリーのマーケティングプランナーとして独立。『「捨てる！」技術』が100万部のベストセラーに。『「捨てる！」スッキリ生活』『断る！作法』『日本人の新作法』など著者多数。家事をはじめ、いろいろなことに好奇心旺盛な男の子と女の子の子育てを楽しむおかあさん。

オフィシャルサイト

http://www009.upp.so-net.ne.jp/tatsumi

ブックデザイン　渡辺真知子
カバー・本文イラスト　清田貴代

子どもを伸ばすお手伝い

発行日　2006年7月20日　第1刷発行
　　　　2007年4月20日　第6刷発行

著者　辰巳　渚
発行者　岩崎弘明　編集 田辺三恵
発行所　株式会社　岩崎書店
　東京都文京区水道1-9-2　〒112-0005
　電話　03-3812-9131［営業］03-3813-5526［編集］
　振替　00170-5-96822
印刷所　三美印刷株式会社
製本所　株式会社若林製本工場

Published by IWASAKI Publishing Co.,Ltd.
Printed in Japan
ISBN978-4-265-80149-7　NDC599
岩崎書店ホームページ　http://www.iwasakishoten.co.jp
ご意見をお寄せください　hiroba@iwasakishoten.co.jp